Denis Diderot

Die Nonne

„Berührend, tragisch, wunderbar – ob Diderot von persönlichen Umständen inspiriert war? Vieles spricht dafür - seine Schwester war dem
Ursulinen-Orden beigetreten und starb dort in jungen Jahren." *Redakti-
on Gröls-Verlag* (Edition I Werke der Weltliteratur)

Redaktionelle Hinweise und Impressum

Das vorliegende Werk wurde zugunsten der Authentizität sehr zurückhaltend bearbeitet. So wurden etwa ursprüngliche Rechtschreibfehler regelmäßig *nicht* behoben, denn kleine Unvollkommenheiten machen das Buch – wie im Übrigen den Menschen – erst authentisch. Mitunter wurden jedoch zum Beispiel Absätze behutsam neu getrennt, um den Lesefluss zu erleichtern.

Wir sind bemüht, ein ansprechendes Produkt zu gestalten, welches angemessenen Ansprüchen an das Preis/Leistungsverhältnis und vernünftigen Qualitätserwartungen gerecht wird. Um die Texte zu rekonstruieren, werden antiquarische Bücher von leistungsfähigen Lesegeräten gescannt und dann durch eine Software lesbar gemacht. Der so entstandene Text wird von Menschen gegen eine Aufwandsentschädigung gegengelesen und korrigiert – Hierbei können gelegentlich Fehler auftreten. Wenn Sie ebenfalls antiquarische Texte einreichen möchten, wenden Sie sich für weitere Informationen gerne an

www.groels.de

Informieren Sie sich dort auch gerne über die anderen Werke aus unserer

Edition | Bedeutende Werke der Weltliteratur

Sie werden es mit 98,023 %iger Wahrscheinlichkeit nicht bereuen.

Die Deutsche Nationalbibliothek verzeichnet dieses Werk in der Deutschen Nationalbibliografie.

© 2019 Groels-Verlag, Hamburg. Die Rechte am Werk, insbesondere für die Zusammenstellung, die Cover- und weitere Gestaltung sowie die redaktionelle Bearbeitung liegen beim Verlag. V.i.S.d.P.: M. Groels, Poelchaukamp 20, 22301 Hamburg
Externer Dienstleister für Distribution und Herstellung: BoD, In de Tarpen 42 22848 Norderstedt

ISBN: 9783966370660

Vorwort

Der vorliegende Roman, "Die Nonne" von Denis Diderot, erregte, als er in Frankreich zur Veröffentlichung gelangte, einen Sturm der Entrüstung. Ganz besonders war es die hohe und niedere Geistlichkeit, welche sich in Schmähungen und Verwünschungen gegen den Verfasser nicht genug thun konnte und diesen gar zu gerne dem Scheiterhaufen überliefert hätte – wenn er nicht schon vorher gestorben wäre. Denn erst im Jahre 1793, nachdem der Sturmwind der Revolution die Privilegien des Adels und des Klerus hinweggefegt, erschien der Roman "Die Nonne" mit verschiedenen anderen Schriften Diderots im Druck; doch ist anzunehmen, daß das Werk etwa um dreißig Jahre früher entstand und handschriftlich wie auch durch Vorlesungen in den den Enzyklopädisten nahe stehenden Kreisen bekannt war.

Wie fast allen Werken Diderots liegt auch diesem Werke eine Thatsache zu Grunde. Im Jahre 1757 strengte eine Nonne des Klosters Longchamp einen Prozeß gegen ihre Eltern an, die sie gezwungen hatten, den Schleier zu nehmen. Der damals noch allmächtige Klerus verstand es, alle Versuche des unglücklichen Opfers, sich dem ihm aufgedrungenen Berufe zu entziehen, zu unterdrücken, und selbst der von der Unglücklichen in Scene gesetzte öffentliche Skandal hatte keine andere Wirkung, als der Ärmsten eine noch schlimmere Behandlung zu verschaffen, die in ihrer ausgesuchten Grausamkeit vor den gewagtesten Mitteln nicht zurückschreckte. Aber trotz aller Vertuschungsversuche der Geistlichkeit drang doch einiges von dem Prozeß in die Öffentlichkeit; einige wohlwollende Leute bemächtigten sich der Sache; doch all ihr Bemühen war vergeblich, die Unglückliche blieb in den Händen der Geistlichkeit, und wer weiß unter welch körperlichen und seelischen Martern man sie *in majorem Dei gloriam* zu Tode gemartert hat.

Diesen Stoff hat Diderot im ersten Teile seines Romans behandelt, während der zweite einer genauen Schilderung der in den Klöstern herrschenden Unsittlichkeit gewidmet ist. Die Beschreibung der unsittlichen

5

Scenen hat dem Buche den Vorwurf der Frivolität eingetragen, doch mit Unrecht, denn der Verfasser hat dieselben nicht als Selbstzweck, sondern nur zur Schilderung der in den Klöstern herrschenden Sittenlosigkeit benutzt. Selbst Schlosser, der in seinen Urteilen über die französische Litteratur oft recht schroffe und herbe Meinungen abgegeben hat, sagt in seiner Geschichte des 18. Jahrhunderts, dritter Zeitraum, zweiter Abschnitt, zweites Kapitel:

"Die Geschichte ist so genau aus den Erfahrungen jener Zeit und dem, was alle Tage in gewissen Familien vorging, entlehnt, daß man wirkliche Denkwürdigkeiten zu lesen glaubt. Jede fühlende Seele schaudert, wie innig ergriffen und von Rührung durchdrungen, sie muß einen Zustand des Staats und der Kirche verabscheuen, der Dinge, wie die hier erzählten, möglich machte. Diderot hat mit einer bewunderungswürdigen Kunst die Erzählung von Anfang bis zum Ende so durchgeführt, daß er nie aus dem Tone gefallen ist. Das Klosterleben und Klosterwesen der Zeit kurz vor der Revolution ist in keinem Buche mit mehr Wahrheit und Lebendigkeit geschildert, als in diesem Roman."

Der Übersetzer hat sich bemüht, dem Originale ganz getreu zu folgen, nur einige Stellen, die gewisse Längen enthalten, sowie die durchaus überflüssigen Obscönitäten sind dem Rotstift zum Opfer gefallen. Diese Streichungen sind um so berechtigter, als das Werk dadurch nur an Knappheit und Schärfe gewinnt, auch ging Diderot selbst mit einem Plan der Umarbeitung der "Nonne" um, ein Plan, der wohl nur infolge seines Todes nicht zur Ausführung gelangte.

Der Übersetzer.

Mein Vater war Advokat, er hatte meine Mutter in ziemlich vorgerücktem Alter geheiratet, und sie hatte ihm drei Töchter beschert. Er hatte mehr Vermögen, als nötig war, um sie gut zu versorgen; doch zu diesem Zweck hatte er seine Zärtlichkeit allen dreien in gleicher Weise zuteil werden lassen müssen; und ich kann ihm leider dieses Lob nicht angedeihen lassen. Zweifellos übertraf ich meine Schwestern durch die Vorzüge des Geistes und der Gestalt; ich war ihnen an Charakter und Talent überlegen; doch es machte mir den Eindruck, als wenn sich meine Eltern darüber betrübten. Wenn jemand zufällig zu meiner Mutter sagte, sie habe reizende Kinder, so durfte mir das niemals gelten. Ich bin zuweilen für diese Ungerechtigkeit gerächt worden, doch die Lobsprüche, die man mir zuteil werden ließ, kamen mir, wenn wir allein waren, so teuer zu stehen, daß ich Gleichgültigkeit und selbst Schimpfworte vorgezogen hätte; je mehr mich die fremden Besucher verhätschelten, eine desto schlimmere Laune trug man gegen mich zur Schau, sobald sie fortgegangen waren. O, wie oft habe ich darüber geweint, daß ich nicht häßlich, dumm, albern, hochmütig, mit einem Wort, mit all' den Fehlern zur Welt gekommen bin, die meinen Schwestern die Liebe ihrer Eltern verschafften. Ich habe mich gefragt, wie wohl ein Vater und eine Mutter, die sonst durchaus ehrenhaft, gerecht und fromm waren, sich so eigentümlich benehmen konnten. Einige Bemerkungen, die meinem Vater im Zorn entschlüpft sind – denn er war sehr heftig – einige Umstände, die mir zu verschiedenen Zeiten aufgefallen sind, Äußerungen von Nachbarn, von Dienstboten, haben mich einen Grund vermuten lassen, der eine kleine Entschuldigung für sie bieten würde. Vielleicht hegte mein Vater einige Zweifel in betreff meiner Geburt, vielleicht erinnerte ich meine Mutter an einen Fehltritt, den sie begangen, und an die Undankbarkeit eines Mannes, dem sie zu sehr zu Willen gewesen, was weiß ich?

Da wir kurz hintereinander zur Welt gekommen waren, so wuchsen wir auch alle drei zusammen auf. Es stellten sich Bewerber ein; meine älteste Schwester erhielt den Antrag eines reizenden jungen Mannes; doch bald bemerkte ich, daß er mich auszeichnete, und ich ahnte, daß sie bald nur der Vorwand, für seine häufigen Besuche sein würde. Ich sah es voraus, daß mir dieses Benehmen Kummer bereiten würde, und setzte meine Mutter davon in Kenntnis. Das ist vielleicht das einzige Mal in meinem Leben gewesen, daß ich etwas ihr Wohlgefälliges gethan habe, und wie wurde ich dafür belohnt? Vier Tage später oder wenigstens doch kurze Zeit darauf sagte man mir, man hätte für mich einen Platz in einem Kloster besorgt, und schon am nächsten Tage wurde ich dorthin überführt. Ich fühlte mich im Hause so unbehaglich, daß mich dieses Ereignis nicht besonders betrübte, und so fuhr ich nach Sainte-Marie – das war mein

7

erstes Kloster – in heiterster Stimmung. Inzwischen vergaß mich der Liebhaber meiner Schwester, als er mich nicht mehr sah und wurde ihr Gatte. Er heißt K..., ist Notar und lebt in Corbeil, wo er eine höchst unglückliche Ehe führt. Meine zweite Schwester wurde mit einem Herrn Bauchon, einem Seidenwarenhändler in der Straße Quincampoix in Paris verheiratet und lebt mit ihm ziemlich gut. Als meine beiden Schwestern versorgt waren, glaubte ich, man würde auch an mich denken, und ich würde das Kloster bald verlassen. Ich zählte damals 16 1/2 Jahr. Man hatte meinen Schwestern eine bedeutende Mitgift gegeben; ich erhoffte ein dem ihren ähnliches Schicksal, und mein Kopf war von allerlei verführerischen Plänen voll, als man mich eines Tages in das Sprechzimmer rief. Ich erblickte den Pater Seraphin, den Beichtvater meiner Mutter; er war auch der meinige gewesen, und daher hatte er auch keine Schwierigkeit, mir den Grund seines Besuches zu erklären; es handelte sich darum, mich zu veranlassen, den Schleier zu nehmen. Ich protestierte heftig gegen diesen seltsamen Vorschlag und erklärte ihm frei heraus, ich fühle keinen Beruf für den geistlichen Stand.

"Um so schlimmer", sagte er zu mir, "denn Ihre Eltern haben sich Ihrer Schwestern wegen vollständig ruiniert, und ich sehe nicht ein, was sie in der beschränkten Lage, in der sie sich befinden, für Sie thun könnten. Denken Sie darüber nach, mein Fräulein; entweder müssen Sie für immer in dieses Haus eintreten, oder sich in ein anderes Provinzkloster begeben, wo man Sie gegen eine mäßige Pension aufnehmen wird, und das Sie erst nach dem Tode Ihrer Eltern verlassen werden, was noch lange dauern kann!"

Ich beklagte mich bitter und vergoß wahre Ströme von Thränen. Die Oberin war bereits in Kenntnis gesetzt und erwartete mich, als ich das Sprechzimmer verließ. Ich war in einer unbeschreiblichen Aufregung.

"Was ist Ihnen denn, mein liebes Kind?" sagte sie zu mir. "Wie sehen Sie denn aus? Haben Sie Ihren Herrn Vater oder Ihre Frau Mutter verloren?"

Ich wollte schon antworten: "Das wolle Gott!" doch ich begnügte mich mit den Worten: "Leider habe ich weder Vater noch Mutter; ich bin eine Unglückliche, die man haßt und lebendig begraben will."

Sie ließ den Sturm vorübergehen und wartete auf den Augenblick der Ruhe. Ich erklärte ihr nun deutlicher, was man mir eben mitgeteilt. Sie schien Mitleid mit mir zu haben und beklagte mich; dann ermutigte sie mich, nicht einen Stand zu ergreifen, für den ich keine Neigung fühlte; außerdem versprach sie mir, für mich zu bitten, Vorstellungen zu machen, und sich für mich zu verwenden. Sie schrieb in der That, wußte aber ganz genau die Antwort, die man ihr erteilen würde und teilte mir dieselbe mit; erst nach längerer Zeit lernte ich an ihrer Aufrichtigkeit zweifeln. Inzwischen kam der Termin, an dem ich meinen Entschluß kund geben sollte, heran, und sie setzte mich mit guteinstudierter Traurigkeit davon in Kenntnis. Zuerst sprach sie keine Silbe, dann ließ sie einige mitleidige Worte fallen, aus denen ich das übrige begriff. Wieder fand eine Scene der Verzweiflung statt, und ich glaube, sie weinte wirklich, während sie sagte:

"Nun, mein Kind, Sie werden uns also verlassen? Teures Kind, wir werden uns nicht mehr wiedersehen!"

Dann führte sie noch andere Reden, die ich nicht hörte. Ich war auf einen Stuhl gesunken, schwieg oder schluchzte. Bald blieb ich unbeweglich, bald erhob ich mich, bald lehnte ich mich gegen die Wand, bald hauchte ich meinen Schmerz an ihrem Busen aus.

Nach einer Weile sprach sie folgendes: "Hören Sie, sagen Sie aber nicht, daß ich Ihnen den Rat gegeben habe; ich zähle auf Ihre unverletzliche Verschwiegenheit; denn ich möchte um keinen Preis der Welt, daß man mir daraus einen Vorwurf machen könne. Was verlangt man von Ihnen? – Daß Sie den Schleier nehmen? Nun wohl, warum nehmen Sie ihn nicht? Wozu verpflichtet denn das? Zu nichts, höchstens, daß Sie noch zwei Jahre bei uns bleiben. In zwei Jahren kann vielerlei geschehen."

Mit diesen heimtückischen Reden verband sie soviele Liebkosungen, soviele Freundschaftsversicherungen, soviele süße Falschheiten, daß ich mich überreden ließ. Sie schrieb also an meinen Vater, der Brief war vortrefflich: mein Schmerz und mein Widerstreben waren darin durchaus nicht verhehlt; doch schließlich teilte man meine Einwilligung mit. Mit welcher Eile wurde nun alles vorbereitet, der Tag wurde festgesetzt, meine Kleider angefertigt, und der Tag der Ceremonie war herangerückt, ohne daß ich heute den geringsten Zwischenraum zwischen diesen Dingen entdecken kann.

Ein Doktor der Sorbonne, der Abbé Blain, hielt die Ermahnungsrede, und der Bischof von Aleppo kleidete mich ein. Obwohl die Nonnen eifrig bemüht waren, mich zu stützen, so fühlte ich doch wohl zwanzigmal, wie die Kniee unter mir zusammenbrachen, und es fehlte nicht viel, so wäre ich auf den Stufen des Altars niedergesunken. Ich hörte nichts, ich sah nichts, ich war wie verblödet; man führte mich, und ich ging; man fragte mich und antwortete für mich. Indessen nahm diese grausame Ceremonie ein Ende; alle zogen sich zurück, und ich blieb inmitten der Herde, der man mich eben zugesellt hatte. Meine Gefährtinnen umstanden mich; sie umarmten mich und sagten: "Aber seht doch, Schwestern, wie schön sie ist; wie dieser schwarze Schleier die Weiße ihres Teints hebt, wie dieses Band ihr steht, wie es ihr Gesicht umrahmt, wie dieses Kleid ihre Taille und ihre Arme hervortreten läßt."

Ich hörte sie kaum an, ich war verzweifelt; dennoch mußte ich zugeben, daß ich, als ich allein in meiner Zelle war, mich ihrer Schmeicheleien erinnerte. Ich konnte nicht umhin, mich in einem kleinen Spiegel prüfend zu betrachten, und ich glaubte, ihre Worte waren nicht so ganz unangebracht.

Als wir des Abends vom Gebet kamen, trat die Oberin in meine Zelle und sagte, nachdem sie mich eine Weile betrachtet:

"Ich weiß wirklich nicht, warum Sie einen so großen Widerwillen vor diesem Kleid hegen; es steht Ihnen wunderbar, und Sie sind reizend. Schwester Susanne ist eine schöne Nonne; Sie wird man aber noch mehr lieben. Nun lassen Sie einmal sehen; gehen Sie; Sie halten sich nicht gerade genug; Sie dürfen nicht so gebückt gehen..."

Sie richtete mir den Kopf, die Füße, die Hände; dann setzte sie sich und sagte zu mir:

"Es ist gut; jetzt wollen wir aber ein wenig ernsthaft reden. Zwei Jahre wären nun gewonnen; Ihre Eltern können ihren Entschluß ändern. Sie selbst würden vielleicht hierbleiben wollen, wenn jene Sie fortnehmen möchten, das wäre durchaus nicht unmöglich..."

"Madame; glauben Sie das nicht..."

"Sie sind lange unter uns gewesen, doch Sie kennen unser Leben noch nicht; es hat zweifellos seine Leiden, aber es hat auch seine Freuden."

Man kann sich denken, was sie sonst noch von der Welt und von dem Kloster hinzufügen konnte; das steht überall geschrieben, und zwar überall in derselben Weise, denn Gott sei Dank hat man mich das ganze Zeug lesen lassen, das die Mönche über ihren Stand geschrieben haben, den sie recht wohl kennen und verabscheuen.

Die Einzelheiten eines Noviziats will ich nicht berühren; wenn man es mit der ganzen Strenge beobachtete, so würde man es nicht aushalten; so aber ist es die schönste Zeit des Klosterlebens. Eine Novizenmutter ist immer die nachsichtigste Schwester, die man finden kann; ihr ganzes Streben ist stets darauf gerichtet, einem alle Dornen des Standes zu verbergen, es ist gleichsam ein Kursus der feinsten und ausgeklügelsten Verführung. Unsere Novizenmutter schloß sich ganz besonders an mich an, und ich glaube nicht, daß eine junge unerfahrene Seele dieser verhängnisvollen Kunst zu widerstehen vermag. Hatte ich zweimal hintereinander geniest, so wurde ich von der Messe, vom Gebet, von der Arbeit entbunden; ich ging frühzeitig schlafen und stand spät auf. Die Klosterregel existierte nicht für mich.

Indessen kam die Zeit heran, die ich manchmal durch meine Wünsche zu beschleunigen versuchte. Nun wurde ich träumerisch und fühlte, wie mein Widerwille aufs neue erwachte, und sogar stärker und stärker wurde. Ich bekannte das der Oberin oder der Novizenmutter. Diese Frauen rächen sich bitter für die Langeweile, die wir ihnen bereiten, denn man darf nicht glauben, daß die heuchlerische Rolle, die sie spielen und die Dummheiten, die sie uns erzählen müssen, ihnen Spaß machen. Das wird ihnen schließlich sehr zuwider; doch sie entschließen sich dazu, und zwar für tausend Thaler, die ihrem Hause zufallen. Das ist der wichtige Gegenstand, für den sie ihr Leben lang lügen, und unschuldigen jungen Seelen, vierzig bis fünfzig Jahre lang oder gar ewig ein unglückliches Leben bereiten; denn sicherlich sind von hundert Nonnen, die vor dem fünfzigsten Jahre sterben, gerade fünfundsiebzig verdammt, ganz abgesehen von denen, die vorher wahnsinnig, blödsinnig oder rasend werden.

Eines Tages geschah es, daß eine der letzteren aus der Zelle, in der man sie gefangen hielt, entwich. Ich sah sie, und niemals war mir etwas Schrecklicheres zu Gesicht gekommen. Mit wirren Haaren und fast unbekleidet, schleppte sie eiserne Ketten nach sich; die Augen irrten wild umher, sie raufte sich die Haare, schlug sich mit den Fausten auf die Brust und lief heulend herum; dann suchte sie sich unter den schrecklichsten Verwünschungen aus dem Fenster zu stürzen. Das Entsetzen packte mich, ich zitterte an allen Gliedern, und da ich mein Schicksal in dem der Unglücklichen erkannte, so beschloß ich in meinem Herzen, lieber tausendmal zu sterben, als mich einer solchen Gefahr auszusetzen. Man ahnte, welche Wirkung dieses Ereignis auf meinen Geist ausüben könnte und glaubte, dem zuvorkommen zu müssen. Man erzählte mir von dieser Nonne lächerliche, widerspruchsvolle Lügen; sie wäre bereits geistesgestört gewesen, als man sie aufgenommen hätte; sie hätte in einer kritischen Zeit einen Schreck erlitten, wäre Visionen unterworfen und glaubte, mit den Engeln in Verkehr zu stehen. Sie hätte schändliche Bücher gelesen, die ihr den Geist zerrüttet, und sehe jetzt nur noch Dämonen, die Hölle und Flammenschlünde vor sich. Das alles machte auf mich nicht den geringsten Eindruck, denn jeden Augenblick kam mir die wahnsinnige Nonne in den Sinn, und ich schwor mir von neuem zu, keinerlei Gelübde abzulegen.

Dennoch war der Augenblick gekommen, in dem es sich darum handelte, zu zeigen, ob ich mir selbst Wort zu halten verstand. Eines Morgens nach der Messe trat die Oberin in mein Zimmer; sie hielt einen Brief in der Hand, und ihr Gesicht drückte Niedergeschlagenheit und Traurigkeit aus. Die Arme sanken ihr hernieder, und ihre Hand schien nicht die Kraft zu haben, den Brief zu halten. Ängstlich sah sie mich an, Thränen standen in ihren Augen, sie schwieg, und ich that dasselbe. Endlich fragte sie mich, wie ich mich befände, die Messe hätte heute recht lang gedauert, ich hätte ein wenig gehustet und schiene unpäßlich zu sein.

"Nein, teure Mutter," antwortete ich darauf.

12

Sie hielt noch immer den Brief in der Hand; dann legte sie ihn auf die Kniee, und ihre Hand verdeckte ihn zum Teil; endlich, nachdem sie noch mehrere Fragen über meinen Vater und meine Mutter an mich gerichtet, sagte sie zu mir:

"Hier ist ein Brief."

Bei diesen Worten fühlte ich, wie mir das Herz klopfte, und ich fügte mit zitternden Lippen hinzu:

"Ist er von meiner Mutter?"

"Sie haben es erraten; da, lesen Sie!"

Ich faßte mich ein wenig, las den Brief, und zwar zuerst mit ziemlicher Festigkeit, doch je weiter ich kam, desto lauter regten sich verschiedene Leidenschaften in mir, wie Zorn, Schreck, Entrüstung, Ärger. Stellenweise konnte ich das Papier kaum halten, oder ich hielt es, als hätte ich es zerreißen mögen, aber ich drückte es heftig, als fühlte ich mich versucht, es zu zerknittern und weit von mir zu werfen.

"Nun, mein Kind, was wollen wir darauf antworten?"

"Aber, Madame, Sie wissen es doch!"

"Nein, ich weiß nichts. Die Zeiten sind schlimm, Ihre Familie hat Verluste erlitten, die Vermögensverhältnisse Ihrer Schwestern sind zerrüttet; sie haben beide viele Kinder, man hat sich erschöpft, als man sie verheiratete und ruiniert sich, sie zu unterstützen. Es ist unmöglich, Ihnen eine sichere Lebensstellung zu bereiten; Sie haben das Ordenskleid angelegt; man hat sich damit in Unkosten gestürzt; durch diesen Schritt haben Sie Hoffnungen erweckt, und das Gerücht der bevorstehenden Ablegung Ihres Gelübdes hat sich in der Gesellschaft verbreitet. Rechnen Sie übrigens stets auf meinen Beistand. Ich habe niemals jemanden zum Eintritt in den Orden verlockt; das ist ein Stand, zu dem Gott uns beruft, und es ist sehr gefährlich, die menschliche Stimme mit der seinen zu vermischen. Ich will nicht versuchen, zu Ihrem Herzen zu sprechen, wenn die Gnade es Ihnen nicht sagt; bis heute habe ich mir noch nicht das Unglück eines andern vorzuwerfen, und soll ich damit bei Ihnen, mein Kind, die

13

Sie mir so teuer sind, den Anfang machen? Ich habe nicht vergessen, daß Sie die ersten Schritte nur auf mein Zureden gethan haben, und werde nicht dulden, daß man Mißbrauch mit Ihnen treibe, um Sie gegen Ihren Willen zu etwas zu verpflichten. Verständigen wir uns also; Sie haben keine Neigung für den geistlichen Stand?"

"Nein, Madame!"

"Sie werden Ihren Eltern nicht gehorchen?"

"Nein, Madame!"

"Was wollen Sie dann werden?"

"Alles, nur nicht Nonne; ich will und werde es nicht!"

"Nun gut. Sie sollen es ja auch nicht werden. Doch einigen wir uns wegen einer Antwort an Ihre Mutter."

Wir einigten uns über einige Gedanken. Sie schrieb einen Brief, der mir recht gut schien. Indessen sandte man mir den Beichtvater des Hauses; man schickte mir auch den Doktor, der mir bei meiner Einkleidung gepredigt hatte; ich sah den Bischof von Aleppo und mußte mit frommen Frauen, die sich in meine Angelegenheiten mischten, ohne daß ich sie kannte, Lanzen brechen; es fanden beständige Konferenzen mit Mönchen und Priestern statt; mein Vater kam; meine Schwestern schrieben mir; zuletzt erschien meine Mutter, doch ich widerstand allen. Indessen wurde der Tag meiner Einkleidung bestimmt, man ließ nichts unversucht, meine Einwilligung zu erlangen; doch als man sah, daß es unnütz war, faßte man den Entschluß, ohne meine Zustimmung zum Ziele zu gelangen.

Von diesem Augenblick an war ich in meine Zelle eingeschlossen; man gebot mir Schweigen, ich wurde von aller Welt getrennt, mir selbst überlassen, und ich sah klar, daß man entschlossen war, ohne meine Einwilligung über mich zu verfügen. Ich wollte mich zu nichts verpflichten; das war mein fester Wille, und alle wahren und falschen Schrecken, in die man mich unaufhörlich stürzte, erschütterten mich nicht. Ich bekam niemand mehr zu sehen, weder die Oberin, noch die Novizenmutter, noch meine Gefährtinnen. Deshalb ließ ich die erstere benachrichtigen und that, als beuge ich mich dem Willen meiner Eltern; doch mein Plan war, dieser Verfolgung ein Ende zu machen und öffentlich gegen die Gewaltthat, die man mit mir im Sinne hatte, zu protestieren. Ich sagte also, man könne über mein Schicksal bestimmen, und darüber verfügen, wie man wolle. Jetzt herrschte Freude im ganzen Hause, und mit den Zärtlichkeiten kehrten auch die Schmeicheleien und die Verführungskünste wieder. Gott hatte zu meinem Herzen gesprochen, niemand war für den Zustand der Vollkommenheit besser geschaffen, als ich. Es war unmöglich, daß es hätte anders sein können; man hatte das stets erwartet. Man erfüllte seine Pflichten nicht mit solchem Eifer und solcher Ausdauer, wenn man sich nicht dazu wahrhaft berufen fühlt. Die Novizenmutter hatte nie bei einem ihrer Zöglinge eine besser zu Tage tretende Berufung bemerkt; sie war über die Laune, die ich gehabt, ganz überrascht gewesen, hatte aber stets zu unserer Oberin gesagt, man müsse nur zu warten wissen, es würde vorübergehen; die besten Nonnen hätten solche Momente gehabt, das wären Einflüsterungen des bösen Geistes, der seine Bemühungen verdoppelte, wenn er sieht, daß ihm seine Beute verloren geht; ich war im Begriff, ihm zu entwischen, und es würde von nun an für mich nur noch Rosen geben; die Pflichten des religiösen Lebens würden mir um so erträglicher erscheinen, als ich sie mir stark übertrieben vorgestellt hatte, und diese plötzliche Erschwerung des Joches wäre eine Gnade des Himmels, der sich dieses Mittels bedient, um es zu erleichtern.

Ich benahm mich sehr vorsichtig und glaubte, für mich bürgen zu können. Ich sah meinen Vater; er sprach in kühlem Tone mit mir; ich sah meine Mutter, sie umarmte mich, ich erhielt Glückwunschschreiben von meinen Schwestern und vielen andern. Ich erfuhr, daß ein Herr Sornin, Vikar von Saint-Roch, die Predigt halten und daß Herr Thierrn, Kanzler der Universität, mein Gelübde entgegennehmen würde. Alles ging gut, bis zum Vorabend des großen Tages, bis aus den Punkt, daß ich erfahren hatte, die Ceremonie würde heimlich stattfinden, es würden derselben sehr wenig Leute beiwohnen, und die Kirchenthür würde nur den Verwandten geöffnet werden. Deshalb ließ ich durch die Pförtnerin alle Personen aus der Nachbarschaft, alle meine Freunde und Freundinnen einladen; auch bekam ich die Erlaubnis, einigen meiner Bekannten zu schreiben. Alle diese Leute, die man nicht erwartet hatte, erschienen; man mußte sie eintreten lassen, und die Versammlung war ungefähr so groß, wie ich sie zu meinem Plane brauchte.

Man hatte schon am vorigen Abend alles vorbereitet, die Glocken wurden geläutet, um aller Welt zu verkünden, daß ein armes Mädchen unglücklich gemacht werden sollte.

Mir schlug das Herz heftig. Man schmückte mich, denn an diesem Tage wird sorgfältig Toilette gemacht, und wenn ich mir jetzt alle diese Ceremonien wieder vorstelle, so glaube ich, die Sache hat etwas Rührendes und Feierliches für ein unschuldiges junges Mädchen, das ihre Neigung nicht anderswohin zieht. Man führte mich in die Kirche; die heilige Messe wurde celebriert, der gute Vikar, der eine Entsagung bei mir voraussetzte, die ich nicht besaß, hielt eine Rede, in der auch nicht ein Wort enthalten war, das nicht mit meinen Gefühlen im Widerspruch gestanden hätte. Endlich rückte der schreckliche Augenblick heran; als ich in den Raum treten sollte, wo ich das Gelübde aussprechen mußte, fühlte ich, wie mir die Beine den Dienst versagten; zwei meiner Gefährtinnen nahmen mich unter den Arm; mein Kopf sank auf die Schulter der einen, und ich schleppte mich mühsam weiter. Ich weiß nicht, was in der Seele der Anwesenden vorging, doch sie sahen ein junges sterbendes Opfer, das man zum Altar trug, und von allen Seiten hörte ich Seufzer und Schluchzen; nur von meinem Vater und meiner Mutter hörte ich nichts.

Alle waren aufgestanden, mehrere junge Mädchen waren auf Stühle gestiegen und hielten sich an den Gitterstäben fest. Es trat eine tiefe Pause ein, dann sagte der Priester, der bei meiner Einkleidung den Vorsitz führte:

"Marie Susanne Simonin, geloben Sie Gott Keuschheit, Armut und Gehorsam?" Mit fester Stimme erwiderte ich ihm:

"Nein, mein Herr, nein."

Er hielt inne und sagte:

"Mein Kind, fassen Sie sich, und hören Sie mich an!"

"Monseigneur," versetzte ich, "Sie fragen mich, ob ich Gott Keuschheit, Armut und Gehorsam gelobe, ich habe Sie angehört und sage Ihnen: Nein!"

Damit wandte ich mich zu den Anwesenden, unter denen sich ein ziemlich lautes Gemurmel erhoben hatte; ich machte ein Zeichen, daß ich sprechen wollte, das Gemurmel hörte auf, und ich sagte:

"Ich nehme Sie zum Zeugen, meine Herren, und vor allem Sie, mein Vater und meine Mutter ..."

Bei diesen Worten ließ eine der Schwestern den Vorhang fallen, und ich sah ein, daß es unnütz war, fortzufahren. Die Nonnen umringten mich und überhäuften mich mit Vorwürfen, die ich anhörte, ohne ein Wort zu erwidern. Man führte mich in meine Zelle und schloß mich dort ein.

Hier begann ich allein, meinen Betrachtungen überlassen, meine Seele zu beruhigen; ich dachte über meinen Schritt nach und bereute ihn durchaus nicht. Ich sah, daß ich nach dem Aufsehen, das ich erregt, unmöglich länger hier bleiben konnte und daß man vielleicht nicht wieder wagen würde, mich in ein Kloster zu bringen. Was man mit mir anfangen würde, wußte ich nicht, doch es gab für mich nichts Schlimmeres, als wider meinen Willen Nonne zu werden. Ich blieb ziemlich lange, ohne daß auch das geringste Geräusch zu meinen Ohren drang. Die Schwestern, die mir das Essen brachten, stellten es auf die Erde und gingen stillschweigend davon. Nach einem Monat brachte man mir weltliche Kleider, ich zog die Haustracht aus, die Oberin erschien, sagte nur, ich solle ihr folgen und ging voran. Ich ging mit ihr bis zur Klosterpforte. Dort stieg ich in einen Wagen, in dem meine Mutter allein saß und auf mich wartete. Ich nahm auf dem Vordersitz Platz, und der Wagen setzte sich in Bewegung. Wir blieben eine Zeitlang einander gegenübersitzen, ohne ein Wort zu sprechen; ich hielt die Augen gesenkt und wagte nicht, sie anzusehen. Ich weiß nicht, was in meiner Seele vorging, doch plötzlich warf ich mich ihr zu Füßen und legte meinen Kopf auf ihre Kniee; sprechen konnte ich nicht, sondern schluchzte nur und weinte. Sie stieß mich heftig zurück; ich erhob mich nicht, sondern ergriff eine ihrer Hände und rief, während ich sie mit meinen Thränen benetzte und küßte:

"Sie sind noch immer meine Mutter, und ich bin doch Ihr Kind."

Sie antwortete, indem sie mich noch härter zurückstieß und ihre Hände aus den meinen riß:

"Stehe auf, Unglückliche; erhebe dich!"

Ich gehorchte ihr, setzte mich wieder und zog meinen Schleier über das Gesicht. In dem Ton ihrer Stimme lag so viel Autorität und Festigkeit, daß ich glaubte, mich ihren Augen entziehen zu müssen. Meine Thränen rannen an meinen Armen herunter, und ich war damit vollständig bedeckt, ohne daß ich es bemerkt hatte. Wir kamen nach Hause, wo sie mich sogleich in ein kleines Zimmer brachte, das sie für mich hergerichtet hatte.

Damit betrat ich mein neues Gefängnis, in dem ich sechs Monate zubrachte, und wo ich alle Tage vergeblich um die Gnade flehte, sie zu sprechen, meinen Vater wieder zu sehen oder ihnen wenigstens schreiben zu dürfen. Man brachte mir zu essen und bediente mich; eine Magd begleitete mich an den Festtagen zur Messe und schloß mich dann wieder ein. Ich las, ich arbeitete, ich weinte, und manchmal sang ich auch, und so flossen meine Tage dahin. Ein geheimes Gefühl hielt mich aufrecht, das Gefühl, daß ich frei war und daß mein Schicksal, so hart es auch war, sich ändern konnte. Doch es war bestimmt, ich sollte Nonne werden, und ich ward es. Diese unglaubliche Unmenschlichkeit und Hartnäckigkeit von seiten meiner Eltern bestärkten mich vollends in der Annahme, die ich hinsichtlich meiner Geburt hegte; wenigstens habe ich nie einen anderen Grund finden können, sie zu entschuldigen. Doch was bis dahin nur eine Vermutung war, sollte sich bald in Gewißheit verwandeln.

Während ich zu Hause eingesperrt war, machte ich nur wenige äußerliche Religionsübungen; doch schickte man mich an den Vorabenden der großen Feste zur Beichte. Ich habe bereits gesagt, daß ich denselben Beichtvater wie meine Mutter hatte; ich sprach mit ihm und setzte ihm die ganze Härte des Benehmens auseinander, mit der man seit drei Jahren gegen mich verfuhr.

Er wußte das. Besonders beklagte ich mich über meine Mutter mit Bitterkeit und Groll. Dieser Priester war spät in den geistlichen Stand eingetreten. Er war menschlich gesinnt, hörte mich ruhig an und sagte zu mir:

"Mein Kind, beklagen Sie Ihre Mutter, beklagen Sie sie noch mehr, als Sie sie tadeln, Ihre Seele ist gut, seien Sie überzeugt, daß sie gegen ihren Willen so handelt."

"Gegen ihren Willen, mein Herr, was kann sie denn dazu zwingen? Hat sie mich nicht in die Welt gesetzt? Und welcher Unterschied besteht denn zwischen mir und meinen Schwestern?"

"Ein großer Unterschied."

"Ein großer? Ich verstehe Ihre Worte nicht!"

Ich wollte eben einen Vergleich zwischen mir und meinen Schwestern anstellen, als er mich unterbrach und sagte:

"Nein, sage ich Ihnen, nein; die Unmenschlichkeit ist nicht das Laster Ihrer Eltern. Versuchen Sie, Ihr Schicksal in Geduld zu tragen. Ich werde Ihre Mutter aufsuchen, und seien Sie überzeugt, daß ich allen Einfluß, den ich auf ihren Geist besitze, aufbieten werde, um Ihnen dienlich zu sein."

Am folgenden Sonnabend gegen 5½ Uhr abends kam die Magd, die mich bediente, zu mir herauf und sagte:

"Ihre Frau Mutter befiehlt Ihnen, sich anzuziehen und herunterzukommen!"

Vor der Thür fand ich einen Wagen, in dem wir, die Magd und ich, Platz nahmen, und ich erfuhr, daß wir zum Pater Seraphin zu den Feuillantinern fuhren. Er erwartete uns und war allein. Die Magd entfernte sich, und ich trat in das Sprechzimmer. Unruhig und neugierig, was er mir wohl zu sagen haben möchte, setzte ich mich, und er sprach nun folgendes zu mir:

"Mein Fräulein, das Rätsel des strengen Benehmens Ihrer Eltern gegen Sie soll sich jetzt für Sie lösen; ich habe hierfür die Erlaubnis Ihrer Frau Mutter erhalten. Sie sind klug, Sie besitzen Geist und Festigkeit und stehen in einem Alter, wo man Ihnen ein Geheimnis anvertrauen darf, selbst wenn es Sie nicht persönlich anginge. Ihre Mutter hat geglaubt, auch Sie ohne dieses Mittel ihren Plänen zugänglich zu machen; doch sie hat sich getäuscht und ist erzürnt darüber. Heute kommt sie auf meinen Rat zurück und beauftragt mich, Ihnen mitzuteilen, daß Sie nicht die Tochter des Herrn Simonin sind."

Auf der Stelle erwiderte ich ihm:

"Das hatte ich geahnt!"

"Sehen Sie jetzt, mein Fräulein, denken Sie darüber nach, und urteilen Sie, ob Ihre Frau Mutter ohne Einwilligung, ja, selbst mit der Einwilligung Ihres Herrn Vaters, Sie Kindern gleichstellen darf, deren Schwester Sie nicht sind ..."

"Aber, mein Herr, wer ist denn mein Vater?"

"Mein Fräulein, das hat man mir nicht anvertraut. Es ist nur zu gewiß," fügte er hinzu, "daß man Ihre Schwestern übertrieben begünstigt und alle möglichen Vorkehrungen getroffen hat, durch Ehekontrakte, durch Veräußerung der Güter, durch Stipulationen, durch Fideikommisse und andere Mittel, den Ihnen zukommenden Pflichtteil auf nichts zu reduzieren, im Falle Sie eines Tages sich an die Gerichte wenden sollten. Wenn Sie eines Tages Ihre Eltern verlieren, so werden Sie wenig vorfinden; Sie weisen das Kloster zurück, vielleicht werden Sie das noch bedauern ..."

"Nein, mein Herr, niemals; auch verlange ich nichts!"

"Sie wissen nicht, was Arbeit, Not und Sorgen sind!"

"Ich kenne wenigstens den Preis der Freiheit und die Last eines Standes, zu dem man sich nicht berufen fühlt!"

"Ich habe gesagt, was ich Ihnen zu sagen hatte; jetzt ist es an Ihnen, darüber nachzudenken!"

Damit erhob er sich.

"Mein Herr, noch eine Frage!"

"Soviel Sie wollen ..."

"Wissen meine Schwestern, was Sie mir mitgeteilt haben?"

"Nein, mein Fräulein!"

"Wie konnten sie sich dann entschließen, ihre Schwester zu plündern, denn sie halten mich doch dafür?"

"Ach, mein Fräulein, der Eigennutz, der Eigennutz; sie hätten nicht so gute Partieen gemacht, und deshalb rate ich Ihnen, nicht auf Ihre Schwestern zu rechnen, wenn Sie Ihre Eltern verlieren sollten; seien Sie überzeugt, man wird Ihnen bis auf den letzten Heller den kleinen Teil streitig machen, den sie mit Ihnen zu teilen haben. Sie haben viele Kinder, und dieser Vorwand wird ihnen stichhaltig genug erscheinen, um Sie zur Armut zu zwingen. Wenn Sie mir folgen wollen, so versöhnen Sie sich mit Ihren Eltern, thun Sie, was Ihre Mutter von Ihnen erwartet und gehen Sie ins Kloster! Man wird Ihnen eine kleine Pension aussetzen, mit der Sie Ihre Tage, wenn nicht glücklich, so doch erträglich verbringen werden. Gehen Sie, mein Fräulein, Sie sind gut und klug, und denken Sie über das nach, was Sie eben gehört haben!"

Ich erhob mich und begann zu weinen. Ich sah, daß er selbst gerührt war; er schlug die Augen gen Himmel und begleitete mich hinaus. Die Magd, die mich hergebracht, erschien, und wir kehrten nach Hause zurück.

Es war spät, und ich beschloß, meiner Mutter mein Herz auszuschütten, daher ließ ich sie um eine Unterredung bitten, die mir auch bewilligt wurde.

Es war im Winter, sie saß in einem Sessel vor dem Feuer, ihr Gesicht war streng, ihr Blick starr, die Züge unbeweglich. Ich näherte mich ihr, warf mich ihr zu Füßen, und bat sie für alles Unrecht, das ich gegen sie begangen, um Verzeihung.

"Eben durch das," erklärte sie, "was du mir sagen wirst, kannst du dir diese Verzeihung verdienen. Stehe auf, dein Vater ist abwesend; du hast also volle Zeit, dich auszusprechen! Du hast den Pater Seraphin gesehen; weißt endlich, wer du bist, und was du von mir erwarten kannst, wenn es nicht in deiner Absicht liegt, mich mein ganzes Leben für einen Fehltritt zu strafen, den ich schon allzu sehr gebüßt habe. Nun, was willst du von mir, was hast du beschlossen?"

"Mama," erwiderte ich ihr, "ich weiß, daß ich nichts besitze, und nichts beanspruchen darf. Ich bin weit entfernt, Ihre Leiden vergrößern zu wollen, vielleicht hätten Sie mich Ihrem Willen gefügiger gefunden, hätten Sie mich früher von einigen Umständen unterrichtet, die ich nur schwer vermuten konnte; doch schließlich weiß ich Bescheid, ich kenne mich, und es bleibt mir nichts weiter übrig, als mich meiner Lebensstellung anzupassen. Ich wundere mich nicht mehr über den Unterschied, den man zwischen meinen Schwestern und mir gemacht hat; ich erkenne die Berechtigung desselben an und unterwerfe mich ihm; aber ich bin doch immer Ihr Kind. Sie haben mich in Ihrem Schöße getragen, und ich hoffe, das werden Sie nicht vergessen!"

"Wehe mir," unterbrach sie mich lebhaft, "wenn ich dich nicht soweit anerkennen würde, wie es in meiner Macht steht!" "Nun gut, Mama," sagte ich zu ihr, "so geben Sie mir Ihre Liebe wieder, schenken Sie mir wieder Ihre Gegenwart, und verschaffen Sie mir wieder die Zärtlichkeit des Mannes, der sich für meinen Vater hält!"

"Es fehlt nicht viel daran, und er ist über deine Geburt ebenso klar unterrichtet, wie du und ich. Ich sehe dich nie in seiner Nähe, ohne seine Vorwürfe zu hören; er macht sie mir durch die Härte, mit der er dich behandelt. Hoffe von ihm nie die Gefühle eines zärtlichen Vaters. Und dann, – soll ich es dir gestehen, – erinnerst du mich an einen Verrat, an eine so gehässige Undankbarkeit von seiten eines andern, daß ich den Gedanken daran nicht zu ertragen vermag: dieser Mann tritt unaufhörlich zwischen dich und mich. Er stößt mich zurück, und der Haß, den ich gegen ihn hege, fällt auf dich zurück!"

"Wie?" erwiderte ich, "darf ich nicht hoffen, daß Sie mich, Sie und Herr Simonin, wie eine Fremde, eine Unbekannte behandeln, die Sie aus Menschlichkeit aufgenommen haben?"

"Das können wir beide nicht. Mein Kind, vergifte mein Leben nicht länger. Wenn du keine Schwestern hättest, so weiß ich, was mir zu thun übrig bliebe, doch du hast zwei, und beide haben eine zahlreiche Familie.

Schon vor langer Zeit ist die Leidenschaft, die mich aufrecht hielt, erloschen, das Gewissen ist wieder in seine Rechte getreten."

"Doch der Mann, dem ich das Leben verdanke?"

"Er ist nicht mehr; er ist gestorben, ohne sich deiner zu erinnern; doch
das ist die geringste seiner Missethaten."

Bei diesen Worten verzerrte sich ihr Gesicht, ihre Augen blitzten; die
Entrüstung bemächtigte sich ihrer Züge; sie wollte sprechen, doch sie
konnte keine Silbe mehr hervorbringen; das Zittern ihrer Lippen verhin-
derte sie daran. Sie saß, ihr Kopf neigte sich auf ihre Hände, denn sie
wollte mir die heftige Erregung verbergen, die in ihr vorging. In diesem
Zustand blieb sie eine Zeit lang, dann erhob sie sich, ging einige Male im
Zimmer auf und ab, ohne zu sprechen; endlich drängte sie ihre Thränen
zurück und sagte:

"Das Ungeheuer! es ist nicht seine Schuld, wenn du nicht durch alle Leiden, die er mir verursacht hat, in meinem Schoße erstickt bist. Gott hat
uns beide erhalten, damit die Mutter ihren Fehltritt durch das Kind süh-
ne. Meine Tochter, du hast nichts und wirst nie etwas haben. Das wenige,
das ich für dich thun kann, entziehe ich deinen Schwestern; das sind die
Folgen meiner Schwäche. Jedoch hoffe ich, daß ich mir bei meinem Tode
nichts vorzuwerfen brauche; denn ich werde deine Ausstattung durch
meine Ersparnisse erworben haben. Ich mißbrauche die Nachsicht meines Gatten durchaus nicht und lege alle Tage beiseite, was ich durch seine
Freigebigkeit erhalte. Ich habe alles verkauft, was ich an Schmucksachen
besaß, und habe von ihm die Erlaubnis bekommen, über den empfange-
nen Betrag nach Belieben zu verfügen. Ich liebte das Spiel; ich spiele
nicht mehr; ich liebte das Theater; ich habe darauf verzichtet; ich liebte
die Gesellschaft; ich lebe zurückgezogen; ich liebte den Prunk; ich habe
ihm entsagt. Wenn du ins Kloster trittst, so wie es mein Wille und der des
Herrn Simonin ist, so wird deine Ausstattung die Frucht dessen sein, was
ich alle Tage zurücklege."

"Aber Mama," versetzte ich, "es kommen noch immer einige wohlha-
bende Leute hierher; vielleicht findet sich einer, der, mit meiner Person

zufrieden, nicht einmal die Ersparnisse verlangen wird, die Sie für meine Ausstattung bestimmt haben?"

"Daran darfst du nicht denken; das Aufsehen, das du gemacht, hat alles verdorben!"

"So ist das Übel unheilbar?"

"Unheilbar!"

"Wenn ich nun aber keinen Gatten finde, so brauche ich doch deswegen nicht in ein Kloster eingesperrt zu werden?"

"Wenn du meinen Schmerz und meine Gewissensbisse nicht verlängern willst, bis ich die Augen schließe, so muß es sein. Einst wird auch meine Stunde schlagen; in diesem schrecklichen Augenblick werden deine Schwestern an meinem Bette stehen; sage mir, ob ich dich unter ihnen dulden kann. Welchen Eindruck würde deine Gegenwart in diesem letzten Moment machen? Meine Tochter, denn du bist es wider meinen Willen, deine Schwestern haben vom Gesetz einen Namen erhalten, den du nur dem Verbrechen dankst. Betrübe eine Mutter nicht, welche sühnen will, lasse sie friedlich ins Grab steigen; mag sie sich selbst sagen, wenn sie im Begriffe steht, vor dem großen Richter zu erscheinen, daß sie ihren Fehler, soviel es an ihr lag, gut gemacht hat, daß sie sich schmeicheln darf, daß du nach ihrem Tode keinen Hader in das Haus tragen und keine Rechte beanspruchen wirst, die du nicht besitzest."

"Mama," sagte ich zu ihr, "seien Sie darüber unbesorgt, lassen Sie einen Rechtsgelehrten kommen, er mag eine Schenkungsakte aufsetzen, und ich unterschreibe alles, was er mir befiehlt."

"Das ist nicht möglich; ein Kind enterbt sich nicht selbst, das ist die Strafe von seiten eines Vaters und einer mit Recht erzürnten Mutter. Wenn es Gott gefiele, mich morgen zu sich zu rufen, so müßte ich mich morgen zum äußersten entschließen und mich meinem Gatten eröffnen, um im Einverständnis mit ihm dieselben Maßregeln zu treffen. Zwinge mich nicht zu einem Schritte, der mich in seinen Augen verhaßt macht und Folgen nach sich ziehen würde, die dich entehren müßten. Wenn du mich überlebst, so wirst du ohne Namen, ohne Vermögen und ohne

Stand dastehen; Unglückliche, sage mir, was soll aus dir werden? .... Welche Gedanken soll ich ins Grab mit mir nehmen? Ich soll also deinem Vater sagen ... Doch was soll ich ihm sagen? Daß du nicht sein Kind bist? Meine Tochter, wenn weiter nichts nötig wäre, um mich zu deinen Füßen zu werfen und dich zu bestimmen ... Doch du fühlst nichts, du hast die unbeugsame Seele deines Vaters ..."

In diesem Augenblick trat Herr Simonin ein und bemerkte die Aufregung seiner Frau. Er liebte sie, und da er heftig war, so blieb er plötzlich stehen, warf mir einen schrecklichen Blick zu und sagte: "Hinaus".

Wäre er mein Vater gewesen, ich hätte ihm nicht gehorcht, doch er war es nicht. Zu dem Diener, welcher mir leuchtete, sich wendend, fügte er hinzu:

"Sagen Sie ihr, sie soll nicht wieder hier erscheinen."

Ich schloß mich wieder in mein kleines Gefängnis ein und dachte über das nach, was mir meine Mutter gesagt hatte; dann ersuchte ich die Magd, welche mich bediente, sie möchte mich benachrichtigen, wenn mein Vater ausgegangen wäre, und schon am nächsten Tage erbat ich eine Unterredung mit meiner Mutter; doch sie ließ mir antworten, sie hätte Herrn Simonin das Gegenteil versprochen, aber ich könne ihr mit einem Bleistift, den sie mir schicke, schreiben.

Ich schrieb ihr daher folgendes auf ein Blatt Papier:

"Mama, ich bin traurig wegen allen den Leiden, die ich Ihnen verursacht habe, und bitte Sie deswegen um Verzeihung; es ist meine Absicht, ihnen ein Ende zu machen. Verlangen Sie von mir alles, was Ihnen beliebt, und wenn es Ihr Wille ist, daß ich Nonne werden soll, so wünsche nur, daß es auch der Wille Gottes sein möge."

Die Magd nahm diese Zeilen und brachte sie meiner Mutter. Einen Augenblick später kam sie wieder heraus und sagte zu mir hocherfreut:

"Fräulein, da es nur eines Wortes bedurfte, Ihren Vater, Ihre Mutter und Sie glücklich zu machen, warum haben Sie das so lange aufgeschoben? Der Herr und die Madame haben ein Gesicht gemacht, wie ich es, seit ich

25

hier bin, bei ihnen nicht gesehen; sie zankten sich Ihretwegen unaufhörlich; Gott sei Dank werde ich das jetzt nicht mehr sehen."

Einige Tage vergingen, ohne daß ich etwas hörte; doch eines Morgens
gegen 9 Uhr öffnete sich meine Thür plötzlich; es war Herr Simonin, der
im Schlafrock und in der Nachtmütze eintrat. Ich erhob mich und machte ihm eine Verbeugung, während er zu mir sagte:

"Susanna, erkennst du dieses Billet?"

"Ja, mein Herr!"

"Hast du's aus freien Stücken geschrieben?"

"Darauf kann ich nur "Ja" sagen!"

"Bist du wenigstens entschlossen, das auszuführen, was du darin ver-
sprichst?"

"Ich bin es!"

"Hast du keine Vorliebe für irgend ein Kloster?"

"Nein, sie sind mir gleichgültig!"

"Es ist gut; das genügt!" – – –

Etwa 14 Tage vergingen, ohne daß ich von dem, was man mit mir beabsichtigte, auch nur das geringste erfuhr; ich glaube, man hatte sich an verschiedene fromme Häuser gewendet, doch der Skandal meines ersten
Schrittes war meiner Aufnahme als Postulantin hinderlich. In Longchamp
war man weniger schwierig, und zwar jedenfalls, weil man hatte durchbli-
cken lassen, ich wäre musikalisch und hätte Stimme. Man übertrieb wohl
die Schwierigkeiten, die man gehabt, und die Gnade, die man mir angedeihen ließ, daß man mich in diesem Hause aufnahm; man veranlaßte
mich sogar, an die Oberin zu schreiben. Ich hatte keine Ahnung von den
Folgen dieses schriftlichen Zeugnisses, das man mir abverlangte; man
fürchtete anscheinend, ich könnte mein Gelübde widerrufen, und wollte
ein Zeugnis von meiner eigenen Hand haben, daß mein Entschluß ein
freiwilliger gewesen war.

Ich wurde also nach Longchamp gebracht, und meine Mutter begleitete mich dorthin. Man erwartete mich, ich wurde gemeldet; und man kannte mich bereits durch meine Geschichte und meine Talente. Von der ersteren sagte man mir nichts, wollte dagegen gleich sehen, ob die Erwerbung, die man machte, der Mühe wert war. Als man sich von vielen gleichgültigen Dingen unterhalten hatte, sagte die Oberin:

"Mein Fräulein, Sie verstehen Musik und singen, wir haben einen Flügel; wenn Sie wollen, gehen wir in unser Sprechzimmer!"

Mir war die Seele wie zugeschnürt, doch es war nicht der Augenblick, Widerwillen merken zu lassen; meine Mutter ging voran, ich folgte ihr; während die Oberin mit einigen Nonnen, die die Neugier herbeigelockt hatte, den Zug schloß. Es war Abend, man brachte Lichter, und ich setzte mich an den Flügel; ich präludierte lange Zeit und suchte in meinem Kopfe nach einem Musikstück, fand aber nichts; indessen drängte mich die Oberin, und ich sang, ohne mir dabei etwas zu denken, aus Gewohnheit, weil mir das Stück vertraut war: "Traurige Vorbereitungen, bleiche Flammen, Tag, der du finsterer bist als die Schatten u. s. w." Ich weiß nicht, welche Wirkung das Stück hervorbrachte, doch man hörte mir nicht lange zu, sondern unterbrach mich durch Lobeserhebungen, die ich meiner Ansicht nach recht schnell und mit geringen Kosten verdient hatte. Meine Mutter überließ mich den Händen der Oberin, reichte mir die Hand zum Kusse und kehrte nach Hause zurück.

Ich befinde mich also jetzt in einem anderen Kloster als Postulantin, und zwar hat es den Anschein, als hielte ich mich hier aus freiem Willen auf. In Longchamp wechseln wie in den meisten Klöstern, die Oberinnen von drei zu drei Jahren. Es war eine Frau von Monc, welche gerade ihr Amt antrat, als ich in das Haus gebracht wurde. Sie war eine vernünftige Frau, die das menschliche Herz kannte, sie hatte Nachsicht, obwohl niemand derselben bedurfte, und wir waren alle ihre Kinder. Sie sah stets nur die Fehler, die sie sehen mußte, oder deren Bedeutung ihr nicht gestattete, die Augen zu schließen. Ich spreche darüber ohne selbstsüchtiges Interesse, denn ich habe meine Pflicht pünktlich gethan, und sie würde mir die Gerechtigkeit widerfahren lassen, zu bezeugen, daß ich nichts gethan, um Strafe zu verdienen, oder was sie mir hätte verzeihen müssen. – Wenn

sie eine Vorliebe zeigte, so wurde ihr dieselbe durch das Verdienst einge-
geben; und ich weiß nicht, ob ich sagen darf, daß sie mich zärtlich liebte,
und daß ich nicht die letzte unter ihren Favoritinnen war. Den Namen Fa-
voritin geben die andern den Lieblingen der Oberin aus Neid. Wenn ich
Frau von Monc einen Fehler vorzuwerfen habe, so wäre es der, daß ihre
Neigung für die Tugend, die Frömmigkeit, die Offenheit, die Sanftmut,
die Talente, die Ehrenhaftigkeit sie beeinflußten, und daß sie recht wohl
wußte, daß diejenigen, die keinen Anspruch darauf erheben könnten, dadurch nur noch mehr gedemütigt werden würden. Sie besaß auch die
Gabe, die menschlichen Geister schnell voneinander zu unterscheiden.
Mich gewann sie bald lieb, und auch ich hatte gleich von vornherein Vertrauen zu ihr. Sie sprach mit mir von meinem Abenteuer in Sainte-Marie;
ich erzählte es ihr ohne Umschweife und sagte ihr alles, was meine Geburt betraf, sowie auch hinsichtlich meiner Leiden; nichts wurde vergessen. Sie beklagte mich, tröstete mich und ließ mich auf eine schönere Zukunft hoffen. Indessen verging die Zeit des Postulats; dann kam die, den
Schleier zu nehmen, und ich nahm ihn. Ich bestand mein Noviziat ohne
Widerwillen und übergehe schnell diese zwei Jahre, weil sie nichts Trauri-
ges für mich hatten, als das geheime Gefühl, daß ich mich Schritt für
Schritt einem Stande näherte, für den ich nicht geschaffen war. Manchmal tauchte dieses Gefühl von neuem in mir auf, doch sogleich nahm ich
zu meiner guten Oberin meine Zuflucht, die mich umarmte, meine Seele
aufrichtete, mir nachdrücklichst ihre Gründe auseinandersetzte und
schließlich stets zu mir sagte:

"Haben die andern Berufe nicht auch ihre Dornen? Man fühlt nur die
seinen ... Auf, mein Kind, kommen Sie, lassen Sie uns auf die Knie fallen
und beten."

Bei diesen Worten warf sie sich nieder und betete laut, doch mit solcher
Salbung, Beredsamkeit, Kraft und Rührung, daß man hätte glauben können, der Geist Gottes begeistere sie.

Indessen versank ich, je mehr sich der Tag nahte, an dem ich das Gelübde ablegen sollte, in eine so tiefe Schwermut, daß die gute Oberin durch
dieselbe auf schreckliche Proben gestellt wurde. Ihr Talent verließ sie,
und sie gestand es mir selbst.

"Ich weiß nicht," sagte sie zu mir, "was in mir vorgeht. Ich glaube, wenn Sie kommen, zieht sich Gott von mir zurück, und sein Geist schweigt. Umsonst rege ich mich an, suche Gedanken und will meine Seele anfeuern; ich fühle mich als eine gewöhnliche und beschränkte Frau und fürchte mich, zu sprechen."

"Oh, teure Mutter," sagte ich zu ihr, "welche Ahnung! wenn Gott Sie selbst stumm machte!"

Eines Tages, als ich mich ungewisser und niedergeschlagener als je fühlte, ging ich in ihre Zelle; meine Anwesenheit verwirrte sie zuerst; sie las augenscheinlich in meinen Augen, in meiner ganzen Person, daß das Gefühl, das ich in mir trug, über ihre Kräfte ging, und sie wollte nicht kämpfen ohne auch die Gewißheit zu haben, daß sie siegen würde. Dennoch machte sie einen Versuch, und je mehr mein Schmerz sank, wuchs ihre Begeisterung; plötzlich warf sie sich auf die Kniee, und ich folgte ihrem Beispiel. Sie sprach einige Worte, dann schwieg sie plötzlich. Ich wartete umsonst, sie sprach nicht mehr, sondern erhob sich, brach in Thränen aus, faßte mich bei der Hand und sagte, mich in ihre Arme schließend:

"Oh, mein teures Kind, welchen grausamen Einfluß haben Sie auf mich ausgeübt; jetzt ist es geschehen; der Geist hat sich von mir zurückgezogen; ich fühle es. Gehen Sie, Gott selbst spricht zu Ihnen, da es ihm nicht gefällt, sich durch meinen Mund hören zu lassen."

In der That weiß ich nicht, was in ihr vorging, ob ich ihr ein Mißtrauen aus ihre eigenen Kräfte eingeflößt, das nie wieder vergangen ist, ob ich sie eingeschüchtert, oder ob ich ihren Verkehr mit dem Himmel wirklich gebrochen habe; doch das Talent, zu trösten, kehrte ihr nicht mehr wieder.

Am Abend vor der Ablegung meines Gelübdes suchte ich sie auf; ihre Schwermut war der meinen gleich. Ich fing an, zu weinen, sie ebenfalls, ich warf mich ihr zu Füßen; sie segnete mich, hob mich auf, umarmte mich und schickte mich fort, indem sie zu mir sagte:

"Ich bin des Lebens müde und wünsche zu sterben; ich habe Gott gebeten, mich diesen Tag nicht sehen zu lassen; doch es ist nicht sein Wille; gehen Sie; ich werde mit Ihrer Mutter sprechen; ich werde die Nacht im

Gebet zubringen; beten Sie auch; doch legen Sie sich nieder, ich befehle es Ihnen."

"Gestatten Sie mir," erwiderte ich, "daß ich mich mit Ihnen einschließe?"

"Ich gestatte es Ihnen von 9 bis 11 Uhr, doch nicht länger. Um 9 1/2 Uhr werde ich zu beten beginnen, und Sie ebenfalls; doch um 11 Uhr werden Sie mich allein beten lassen und ruhen. Gehen Sie, teures Kind, ich werde den Rest der Nacht für Sie zu Gott flehen."

Sie wollte beten, doch sie konnte es nicht. Ich schlief, und währenddessen ging diese heilige Frau in den Gängen auf und ab, klopfte an jede Thür; weckte die Nonnen und ließ sie geräuschlos in die Kirche hinuntersteigen. Alle begabensich dorthin, und als sie versammelt waren, forderte sie sie auf, zum Himmel für mich zu flehen.

Dieses Gebet fand zuerst in tiefem Schweigen statt; dann löschte sie die Lichter aus, alle sprachen zusammen das Miserere, mit Ausnahme der Oberin, die am Fuße des Altars zu Boden gesunken war und sich kasteite. Am nächsten Tage trat sie frühzeitig in meine Zelle, ich hörte sie nicht, denn ich war noch nicht wach. Sie setzte sich neben mein Bett und hatte eine ihrer Hände leicht auf meine Stirn gelegt; sie sah mich an; die Unruhe, die Verwirrung, der Schmerz, jagten sich auf ihrem Gesicht; und so erschien sie mir, als ich die Augen aufschlug. Von dem, was in der Nacht vorgegangen war, sprach sie nicht zu mir; sie fragte mich nur, ob ich mich freiwillig niedergelegt hätte, und ich antwortete ihr:

"Zu der Stunde, zu der Sie's mir befohlen haben!"

"Ob ich geruht hätte?"

"Ja."

"Das erwartete ich ... wie ich mich befände?"

"Sehr gut, und Sie, teure Mutter?"

"Ach," versetzte sie, "ich habe niemand ohne Unruhe in den geistlichen Stand treten sehen, doch bei keiner habe ich soviel Angst empfunden, als bei Ihnen. Ich möchte, daß Sie glücklich werden."

"Wenn Sie mich stets lieben, werde ich es sein."

"Ach, wenn es nur daran läge! Haben Sie an nichts während der Nacht gedacht?"

"Nein."

"Sie haben keinen Traum gehabt?"

"Nein."

"Was geht jetzt in Ihrer Seele vor?"

"Ich bin wie blöde; ich gehorche meinem Schicksal, ohne Widerwillen und ohne Geschmack; ich fühle, daß die Not mich hinreißt und lasse mich treiben. Doch Sie sagen mir ja gar nichts?"

"Ich bin nicht gekommen, um mit Ihnen zu plaudern, sondern um Sie zu sehen und Sie zu hören. Ich erwarte Ihre Mutter, suchen Sie nicht, mich aufzuregen, lassen Sie die Gefühle sich in meiner Seele sammeln. Ruhen Sie noch einen Augenblick, damit ich Sie sehe; sagen Sie nur noch wenige Worte und lassen Sie mich hier empfangen, was ich bei Ihnen suche. Ich werde gehen, und Gott wird das übrige thun."

Ich schwieg und legte mich auf mein Kopfkissen zurück, während ich ihr eine meiner Hände reichte, die sie ergriff. Sie schien nachzudenken und zwar sehr tief, denn sie hatte die Augen geschlossen; manchmal öffnete sie dieselben, richtete sie gen Himmel, um sie dann wieder auf mich zu heften; sie wurde bewegt, und ihre Seele schien in lebhaftester Erregung. Mehrmals drückte sie mir kräftig die Hand und fragte mich plötzlich, welche Uhr es wäre.

"Es ist bald 6 Uhr!"

"Leben Sie wohl, ich gehe. Man wird Sie ankleiden, und würde ich dabei sein, so würde es mich zerstreuen. Ich habe nur die eine Sorge, nämlich die, in den ersten Augenblicken Mäßigung zu bewahren."

Sie hatte mich kaum verlassen, als die Novizenmutter und meine Gefährtinnen eintraten; man zog mir meine Ordenskleider aus und legte mir weltliche Kleider an. Ich hörte kein Wort von allem, was um mich her

31

gesprochen wurde; ich war in den Zustand des Automaten zurückgesunken; ich bemerkte nichts und machte nur zeitweise kleine konvulsivische Bewegungen. Indessen unterhielt sich die Oberin mit meiner Mutter, doch ich habe nie erfahren, was in dieser Unterredung, die ziemlich lange dauerte, vorgegangen ist; man sagte mir nur, als sie sich trennten, wäre meine Mutter so verwirrt gewesen, daß sie die Thür nicht hätte finden können, durch die sie eingetreten war, und daß die Oberin, die gefalteten Hände krampfhaft gegen die Stirn drückend, das Zimmer verlassen hatte.

Indessen erklangen die Glocken, und ich ging hinunter. Die Versammlung war wenig zahlreich. Ob die Predigt gut oder schlecht war, weiß ich nicht, denn ich hörte nichts; man verfügte über mich den ganzen Vormittag, der in meinem Leben sozusagen wichtig erscheint, denn nie habe ich die Dauer desselben erfahren. Ich weiß weder, was geschah, noch was ich gethan, noch was ich gesagt habe. Man hat mich jedenfalls gefragt, und ich habe jedenfalls geantwortet, ich habe Gelübde ausgesprochen, doch ich habe keine Erinnerung mehr daran.

Ich befand mich in einem Zustande so tiefer Niedergeschlagenheit, daß, als man mir einige Tage später mitteilte, ich solle im Chore singen, ich nicht wußte, was man damit sagen wollte. Ich fragte, ob es wahr wäre, daß ich das Gelübde abgelegt; ich wollte die Unterschrift sehen, und man mußte diesen Beweisen das Zeugnis der ganzen Klostergemeinde hinzufügen, sowie einiger Fremden, die man zur Ceremonie eingeladen hatte. Mehrmals wandte ich mich an die Oberin und sagte zu ihr:

"Es ist also wahr?"

Dabei erwartete ich stets, daß sie mir antworten solle:

"Nein, mein Kind, man täuscht Sie!"

Ihre wiederholten Versicherungen überzeugten mich nicht, denn ich konnte nicht begreifen, daß ich mich im Verlaufe eines ganzen, so aufregenden, so bedeutungsvollen Tages an nichts erinnern konnte, nicht einmal an das Gesicht derjenigen, die mir dabei Hilfe geleistet hatten, auch nicht an das des Priesters, der mich ermahnt, noch dessen, der mir das Gelübde abgenommen hatte. Die Vertauschung der religiösen Tracht mit der weltlichen ist das einzige, woran ich mich noch erinnere; von diesem Augenblicke an bin ich vollständig geistesabwesend gewesen.

In demselben Jahre erlitt ich drei bedeutende Verluste; den meines Vaters, oder vielmehr des Mannes, der für meinen Vater galt; – er war alt und hatte viel gearbeitet, – den meiner Oberin und den meiner Mutter. Diese würdige Nonne fühlte schon längere Zeit vorher, daß ihre letzte Stunde nahte; sie verurteilte sich zum Schweigen und ließ ihren Sarg in ihr Zimmer bringen. Sie hatte ihren Schlummer verloren und brachte die Tage und Nächte mit Schreiben und Grübeln zu. Sie hat fünfzehn Betrachtungen hinterlassen, die meiner Ansicht nach höchst bedeutend sind; ich habe eine Abschrift derselben, und sie führen den Titel: "Die letzten Augenblicke der Schwester de Monc."

Als sie ihren Tod nahen fühlte, ließ sie sich ankleiden, und man verabreichte ihr die Sterbesakramente, während sie dabei ein Kruzifix in ihrer Hand hielt. Es war Nacht, und der Schein der Kerzen beleuchtete diese düstere Scene. Wir umringten sie, zerflossen in Thränen, und ihre Zelle widerhallte von Geschrei. Plötzlich begannen ihre Augen zu leuchten; sie erhob sich und sprach; ihre Stimme klang fast ebenso stark, als im Zustande der Gesundheit. Die Gabe, die sie verloren, kehrte ihr zurück, und sie warf uns die Thränen vor, die ihr das ewige Glück zu beneiden schienen.

"Meine Kinder", sprach sie, "Euer Schmerz betrübt mich; dort! dort!" sagte sie, gen Himmel zeigend, "werde ich Euch dienen; meine Augen werden sich unaufhörlich auf dieses Haus senken; ich werde für Euch bitten, und meine Bitte wird Erhörung finden. Tretet alle näher, daß ich Euch umarme; empfanget meinen Segen und mein Lebewohl!"

Während sie diese letzten Worte sprach, schied die heilige Frau, deren wir stets mit nie endendem Bedauern gedenken werden.

Meine Mutter starb bei der Rückkehr von einer kleinen Reise, die sie gegen Ende des Herbstes zu einer ihrer Töchter antrat. Sie hatte tiefen Kummer durchzumachen gehabt, und ihre Gesundheit war bereits stark erschüttert. Ich habe nie den Namen meines Vaters, noch die Geschichte meiner Geburt erfahren. Ihr Beichtvater, der auch der meine war, übergab mir in ihrem Auftrage ein Päckchen; es waren 50 Louisdors mit einem kleinen Billet, alles in ein Stück Leinwand gewickelt und zusammengenäht. Das Billet enthielt folgende Worte:

"Mein Kind, es ist wenig, doch mein Gewissen gestattet mir nicht, über eine größere Summe zu verfügen; es ist der Rest dessen, was ich von den kleinen Geschenken des Herrn Simonin habe sparen können. Lebe fromm, das ist das beste, selbst für dein Glück auf dieser Welt. Bete für mich; deine Geburt ist der einzige bedeutende Fehler, den ich je begangen habe; hilf mir ihn sühnen, damit Gott mir verzeihe, dich in die Welt gesetzt zu haben. Vor allen Dingen betrübe die Familie nicht; und obgleich die Wahl des Standes, in dem du dich jetzt befindest, keine so freiwillige gewesen ist, wie ich es gern gewünscht hätte, so hüte dich doch, ihn zu wechseln. Warum bin ich nicht mein ganzes Leben lang in einem Kloster eingeschlossen gewesen! Der Gedanke würde mich nicht so erschüttern, daß ich in einem Augenblick ein schreckliches Urteil werde über mich ergehen lassen müssen. Gedenke, mein Kind, daß das Schicksal deiner Mutter in einer anderen Welt sehr stark von dem Betragen abhängt, das du in dieser führen wirst. Gott, der alles sieht, wird mir in seiner Gerechtigkeit alles das Gute und Böse anrechnen, was du thust. – Lebe wohl, Susanne, verlange nichts von deinen Schwestern, denn sie sind nicht imstande, dir zu helfen; hoffe auch nichts von deinem Vater, denn er ist mir vorangegangen, er hat den großen Tag bereits gesehen und erwartet mich; meine Anwesenheit wird für ihn weniger schrecklich sein als die seinige für mich. Noch einmal, lebe wohl; deine Schwestern sind angelangt, ich bin nicht mit ihnen zufrieden, sie nehmen und schleppen alles fort und zanken sich unter den Augen ihrer sterbenden Mutter um Geldfragen. Wenn sie sich meinem Bette nähern, so drehe ich mich nach der andern Seite, denn was würde ich an ihnen sehen? zwei Geschöpfe, in denen die Armut das Gefühl der Natur erstickt hat. Sie lechzen nach dem Wenigen, das ich hinterlasse. Sie stellen unpassende Fragen an den Arzt und die Wärterin und erwarten mit Ungeduld den Moment, da ich scheiden werde. Sie vermuten, ich weiß nicht weshalb, ich könnte einiges Geld in meiner Matratze versteckt haben; deshalb haben sie alles mögliche angestellt, daß ich das Bett verlasse, und es ist ihnen auch gelungen, doch glücklicherweise ist mein Anwalt schon am vorigen Tage gekommen und ich hatte ihm dieses kleine Päckchen mit dem Inhalt übergeben, sowie den Brief, den er nach meinem Diktat geschrieben hat. Verbrenne den Brief, und wenn du erfahren wirst, daß ich nicht mehr bin, was bald der Fall sein wird, so lasse eine Messe für mich beten und erneuere dein Gelübde, denn ich wünsche noch immer, daß du Nonne bleibst; der Gedanke, dich in der Welt ohne Stütze, ohne Hilfe verlassen zu wissen, würde meine letzten Augenblicke in der entsetzlichsten Weise verbittern.

Mein Vater starb am 5. Januar, meine Oberin am Ende desselben Monats, und meine Mutter am zweiten Weihnachtsfeiertage."

Die Schwester Sainte-Christine folgte der Mutter de Monc. Welch ein Unterschied zwischen beiden! Diese hatte einen kleinlichen Charakter, einen beschränkten, mit Aberglauben vollgestopften Kopf und verkehrte viel mit Jesuiten. Sie faßte eine Abneigung gegen alle Lieblinge ihrer Vorgängerin; man mußte sich mit ihr über theologische Fragen aussprechen, von denen wir nichts verstanden, Formeln unterschreiben und uns eigentümlichen Gebräuchen unterwerfen. Die Mutter de Monc billigte die Bußübungen nicht, die am Leibe vorgenommen wurden, sie hatte sich nur zweimal in ihrem Leben kasteit, einmal am Tage vor der Ablegung meines Gelübdes und einmal bei einer ähnlichen Gelegenheit. Sie wünschte, daß ihre Nonnen sich wohl befänden und gesund an Geist und Körper sein sollten. Das erste, wenn eine Nonne in den Orden eintrat, war, daß sie sich alle Büßerhemden mit den Geißeln bringen ließ, daß sie verbot, die Nahrungsmittel durch Asche zu verderben, auf der harten Erde zu schlafen und sich mit irgend einem dieser Instrumente zu versehen. Die zweite Oberin dagegen schickte jeder Nonne ihr Büßerhemd und ihre Geißel zurück und ließ das neue und das alte Testament einfordern.

Ich war der jetzigen Oberin gleichgültig, um nichts Schlimmeres zu sagen, und zwar aus dem einfachen Grunde, weil ich der vorigen lieb und wert gewesen war; doch bald verschlimmerte ich mein Schicksal durch einige Handlungen, und zwar erstens dadurch, daß ich mich ganz dem Schmerz überließ, den ich über den Verlust unserer ersten Oberin empfand, weil ich sie bei jeder Gelegenheit lobte, daß ich zwischen ihr und der jetzt waltenden Vergleiche anstellte, die der letzteren nicht günstig waren; daß ich den Zustand des Hauses in früheren Jahren schilderte, daß ich an den Frieden erinnerte, dessen wir uns erfreuten, die Nachsicht, die man für uns besessen, an die geistige wie irdische Nahrung, die man uns damals verabreichte, und indem ich die Sitten, die Gefühle und den Charakter der Schwester de Monc in den Himmel hob. Zweitens warf ich das Büßerhemd ins Feuer und entledigte mich meiner Geißel, machte meinen Freundinnen darüber Vorstellungen und veranlaßte einige, meinem Beispiel zu folgen; drittens verschaffte ich mir ein altes und neues Testament; viertens hielt ich mich streng an die Regel des Hauses und wollte nicht mehr und nicht weniger thun, als dieselbe gebot; infolgedessen ließ ich mich zu keiner über meine Verpflichtung hinausgehenden Handlungen herbei, sang nur, wenn ich Chordienst hatte und stieg nur an Festtagen zur Orgel hinauf. Ich las die Vorschriften, las sie immer wieder und kannte sie schließlich auswendig; wenn man mir etwas befahl, was entweder nicht klar ausgedrückt oder was überhaupt nicht erwähnt war, oder was mir widersinnig erschien, wies ich es mit festem Entschlusse zurück; ich nahm das Buch zur Hand und sagte:

"Hier sind die Verpflichtungen, die ich übernommen habe, und andere bin ich nicht eingegangen."

Meine Reden machten auch auf andere Eindruck, und die Autorität der Oberin wurde dadurch sehr beeinträchtigt; denn sie konnte nicht mehr über uns, wie über ihre Sklavinnen verfügen. Es verging fast kein Tag, ohne eine aufregende Szene. In Ungewissen Fällen fragten mich meine Gefährtinnen um Rat; und ich war stets für die Regel gegen den Despotismus. Ich machte bald den Eindruck einer Aufrührerin und spielte auch ein wenig die Rolle einer solchen. Die Großvikare des Erzbischofs wurden unaufhörlich herbeigerufen; ich erschien vor ihnen, verteidigte meine Gefährtinnen, und nicht ein einziges Mal kam es vor, daß man uns verurteilt hätte.

Trotzdem durchsuchte man meine Zelle und entdeckte darin das alte und das neue Testament. Ich hatte mir unvorsichtige Reden über die verdächtige Vertraulichkeit einiger Favoritinnen entschlüpfen lassen; die

Oberin hatte lange und häufige Zusammenkünfte mit einem Geistlichen, und ich hatte den Grund von dem Vorwand zu unterscheiden verstanden. Ich unterließ nichts, was mich gefürchtet, verhaßt machen konnte, und erreichte in der That meinen Vorsatz. Man beklagte sich nicht mehr über mich bei den Vorgesetzten, sondern ließ es sich angelegen sein, mir das Leben schwer zu machen. Man verbot den anderen Nonnen, sich mir zu nähern, und bald sah ich mich allein; ich hatte eine kleine Anzahl von Freundinnen; man vermutete, sie würden sich heimlich für den Zwang entschädigen, den man ihnen auferlegte, und da sie sich am Tage nicht mit mir unterhalten konnten, so würden sie mich in der Nacht oder in verbotenen Stunden besuchen. Man beobachtete uns, man überraschte mich bald mit dieser oder jener; man machte aus dieser Unklugheit ein ungeheures Verbrechen, und ich wurde in der unmenschlichsten Weise dafür bestraft; man verurteilte mich dazu, ganze Wochen die Messe auf den Knieen anzuhören und zwar von den übrigen getrennt; ich mußte von Wasser und Brot leben, mußte in meiner Zelle eingeschlossen bleiben und die niedrigsten Arbeiten des Hauses versehen. Meine sogenannten Mitschuldigen wurden nicht besser behandelt. Wenn man mir keine Schuld nachweisen konnte, so ersann man eine solche; man gab mir gleichzeitig die widerspruchvollsten Befehle und bestrafte mich, wenn ich denselben nicht nachgekommen war; man verrückte die Stunden des Gottesdienstes und der Mahlzeiten; man änderte ohne mein Wissen die ganze Klosterregel um, und trotzdem ich die größte Aufmerksamkeit walten ließ, wurde ich doch tagtäglich für schuldig befunden und tagtäglich bestraft.

Meine Gesundheit hielt diesen langen und harten Prüfungen nicht stand; ich verfiel in Niedergeschlagenheit, Kummer und Schwermut. Ich suchte zu Anfang am Fuße der Altäre Kraft und fand sie auch manchmal dort. Ich schwankte zwischen Entsagung und Verzweiflung hin und her, indem ich mich bald der ganzen Strenge meines Schicksals unterwarf, bald daran dachte, mich durch gewaltsame Mittel von demselben zu befreien. Es befand sich in dementlegensten Teil des Gartens ein tiefer Brunnen. Wie oft bin ich zu demselben gegangen, wie oft habe ich hineingeblickt! Daneben befand sich eine Steinbank. Wie oft habe ich mich

37

auf dieselbe gesetzt und den Kopf auf den Rand des Brunnens gestützt! Wie oft bin ich im Sturm meiner Gedanken plötzlich aufgesprungen mit dem festen Entschluß, meinen Qualen ein Ende zu machen!

Ich zweifle heute nicht, daß meine häufigen Besuche bei diesem Brunnen bemerkt worden waren, und daß meine grausamen Feindinnen gehofft hatten, ich würde eines Tages den Plan ausführen, den ich im tiefsten Grunde meines Herzens nährte. Mehrere Male fand ich die Gartenthür zu Stunden geöffnet, wo sie geschlossen sein mußte, und merkwürdigerweise an den Tagen, wo man mich ganz besonders gequält hatte; man hatte die Heftigkeit meines Charakters bis aufs äußerste getrieben und hielt mich für geistesgestört. Doch sobald ich erraten zu haben glaubte, daß man dieses Mittel, das Leben zu verlassen, meiner Verzweiflung sozusagen anbot, daß man mich förmlich bei der Hand zu diesem Brunnen führte, da kümmerte ich mich nicht mehr um ihn, mein Geist wandte sich andern Dingen zu; ich hielt mich in den Korridoren und Gängen auf und maß die Höhe der Fenster ab. Abends, wenn ich mich auskleidete, probierte ich unbewußt die Stärke meiner Strumpfbänder, an einem anderen Tage weigerte ich mich zu essen, ging in das Refektorium herunter, blieb dort, den Rücken gegen die Wand gelehnt, mit geschlossenen Augen, und rührte die Speisen nicht an, die man mir hingestellt hatte; ich vergaß mich so vollkommen in diesem Zustande, daß alle Nonnen bereits hinausgegangen waren, während ich noch immer im Saale verharrte. Man zog sich nun möglichst geräuschlos zurück und ließ mich dort, dann bestrafte man mich, weil ich die Religionsübung versäumt hatte. So weit war ich gekommen, da gedachte ich daran, mein Gelübde ungültig erklären zu lassen. Zuerst dachte ich nur flüchtig daran; jedoch beruhigte mich dieser Gedanke, mein Geist sammelte sich wieder; ich beherrschte mich, vermied allerlei Unannehmlichkeiten und ertrug andere, die mir zustießen, geduldiger. Man bemerkte diese Veränderung und wunderte sich darüber; die Bosheit machte plötzlich Halt wie ein feiger Feind, der uns verfolgt und dem wir im Augenblick, da wir es am wenigsten erwarten, gegenübertreten müssen.

Dadurch, daß man sich beständig mit einer Sache beschäftigt, wird man von ihrer Gerechtigkeit durchdrungen und hält sie schließlich auch für möglich; man fühlt sich sehr stark, wenn man auf diesem Standpunkt angelangt ist. Das war bei mir seit 14 Tagen der Fall, denn mein Geist arbeitet schnell. Um was handelte es sich denn? Eine Denkschrift aufzusetzen und sie einem Rechtsgelehrten zu unterbreiten; beides war nicht ohne Gefahr. Seit sich in meinem Kopfe eine Umwälzung vollzogen hatte, beobachtete man mich mit größerer Aufmerksamkeit als je und folgte mir mit den Augen; ich that nicht einen Schritt, der nicht belauert wurde, ich sprach kein Wort, das man nicht auf die Wagschale legte. Man näherte sich mir und suchte mich auszuforschen, man heuchelte Mitleid oder Freundschaft, man befragte mich, man sprach mir von meinem vergangenen Leben, man klagte mich nur noch schwach an und entschuldigte mich, man hoffte ein besseres Betragen und schmeichelte mir mit einer schöneren Zukunft. Indessen trat man jeden Augenblick in meine Zelle unter allen möglichen Vorwänden; ganz plötzlich zog man heftig meine Vorhänge auseinander, um dann wieder spurlos zu verschwinden. Ich hatte die Gewohnheit angenommen, angekleidet zu schlafen, auch hatte ich noch eine andere, nämlich meine Beichte niederzuschreiben. In den dazu bestimmten Tagen bat ich die Oberin um Tinte und Papier, was mir nie verweigert wurde. Deshalb erwartete ich ungeduldig den Tag der Beichte und setzte inzwischen in meinem Kopfe alles auf. was ich vorzubringen hatte, stellte jedoch alles unter erdichtetem Namen dar. Dabei aber beging ich drei Thorheiten; erstens sagte ich der Oberin, daß ich vielerlei zu schreiben haben würde und bat sie unter diesem Vorwande um mehr Papier, als man gewöhnlich erhält; zweitens beschäftigte ich mich nur mit meiner Denkschrift und dachte nicht weiter an die Beichte; und drittens schrieb ich gar keine Beichte nieder und hielt mich, da ich mich auf diese religiöse Handlung nicht vorbereitet hatte, nur einen Augenblick im Beichtstuhl auf. Das alles wurde bemerkt, und man schloß daraus, daß das Papier, das ich verlangt, zu einem andern Zweck als dem von mir genannten gedient hatte. Ohne zu missen, daß man sich damit beschäftigen würde, fühlte ich doch, daß man bei mir ein Schreiben von solcher Wichtigkeit nicht finden durfte. Zuerst dachte ich daran, es in meinem Kopfkissen oder meiner Matratze einzunähen, dann es in meinen Kleidern zu verbergen, es im Garten zu vergraben oder ins Feuer zu werfen. Zunächst versiegelte ich es, dann steckte ich es in den Busen und ging zur Messe, welche eben geläutet wurde. Ich befand mich in einer Unruhe, die sich in meinen Bewegungen verriet. Ich saß neben einer jungen Dame, die mich lieb hatte; ich hatte gesehen, wie sie mich manchmal mitleidig anblickte und Thränen vergoß; sie sprach nicht mit mir, doch gewiß litt sie meinetwegen. Auf die Gefahr hin, daß ich alles verderben konnte, beschloß ich, ihr mein Papier anzuvertrauen. Bei einem Augenblick des Gottesdienstes, bei welchem alle Nonnen auf die Kniee fielen, sich niederbeugten und gleichsam in ihren Betstühlen versinken, zog ich leise das Papier aus dem Busen und reichte es ihr hinter meinem Rücken; sie nahm es und steckte es zu sich. Ich hatte gut daran gethan, diesen Entschluß zu fassen, denn als wir den Chor verließen, sagte die Oberin zu mir: "Schwester Susanne, folgen Sie mir!"

Ich folgte ihr; dann blieb sie auf dem Gange bei einer andern Thür stehen und sagte:

"Hier ist Ihre Zelle, die Schwester Sainte-Jerome wird die Ihrige bewohnen."

Ich trat ein und sie mit mir. Wir setzten uns alle beide, ohne zu sprechen, als eine Nonne mit Gewändern erschien, die sie auf einen Stuhl legte, während die Oberin zu mir sagte:

"Schwester Susanne, entkleiden Sie sich, und ziehen Sie dieses Gewand an."

Ich gehorchte in ihrer Gegenwart, und sie beobachtete alle meine Bewegungen. Die Schwester, welche meine Kleider gebracht, stand vor der Thür; sie trat wieder ein und nahm die, die ich ausgezogen hatte, fort, während die Oberin ihr folgte. Den Grund ihres Benehmens teilte man mir nicht mit, und ich fragte auch gar nicht danach. Indessen hatte man überall in meiner Zelle nachgesucht, man hatte das Kopfkissen, sowie die Matratzen aufgetrennt, hatte alles vom Flecke gerückt, was nur fortzubringen war; man untersuchte meine Fußspuren, ging nach dem Beichtstuhl, nach der Kirche, in den Garten nach dem Brunnen, nach der Steinbank. Doch man fand nichts; trotzdem blieb man überzeugt, es müsse etwas vorhanden sein. Man fuhr fort, mich mehrere Tage hindurch zu beobachten, man ging dorthin, wo ich gegangen war, man schaute überall nach, doch umsonst. Endlich glaubte die Oberin, daß sie die Wahrheit nur durch mich erfahren könnte, und darum trat sie eines Tages in meine Zelle und sagte zu mir:

"Schwester Susanne, Sie haben Fehler, doch der der Lüge gehört nicht dazu, sagen Sie mir also die Wahrheit: Was haben Sie mit all dem Papier gemacht, das ich Ihnen gegeben habe?" "Madame, ich habe es Ihnen bereits gesagt!"

"Das ist nicht möglich; Sie haben viel Papier von mir verlangt und sind nur einen Augenblick im Beichtstuhl gewesen."

"Das ist wahr!"

"Was haben Sie also damit gemacht?"

"Ich habe es Ihnen bereits gesagt."

"Nun gut; schwören Sie mir bei dem heiligen Gehorsam, den Sie Gott geweiht, daß dem so ist, und trotzdem der Schein gegen Sie spricht, will ich Ihnen glauben."

"Madame, es ist Ihnen nicht gestattet, wegen einer so unbedeutenden Sache einen Schwur zu fordern, und es ist mir nicht gestattet, ihn zu leisten; ich werde nicht schwören."

"Sie täuschen mich, Schwester Susanne, und wissen nicht, welcher Gefahr Sie sich aussetzen. Was haben Sie mit dem Papier angefangen, das ich Ihnen gegeben habe?"

"Ich habe es Ihnen bereits gesagt!"

"Wo ist es?"

"Ich habe es nicht mehr."

"Was haben Sie damit angefangen?"

"Was man damit immer macht, wenn man sich seiner bedient hat."

"Schwören Sie mir bei dem heiligen Gehorsam, daß Sie es gebraucht haben, Ihre Beichte niederzuschreiben und es nicht mehr besitzen!"

41

"Madame, ich wiederhole Ihnen, da dieser zweite Punkt nicht wichtiger ist als der erste, so werde ich nicht schwören."

"Schwören Sie mir, oder –"

"Ich werde nicht schwören."

"Sie werden nicht schwören?"

"Nein, Madame!"

"So sind Sie also schuldig?"

"Und wessen könnte ich schuldig sein?"

"Alles ist Ihnen zuzutrauen; es giebt nichts, dessen Sie nicht fähig sind. Sie haben die Frau gelobt, die meine Vorgängerin gewesen, einzig und allein, um mich herabzusetzen; Sie haben die ganze Klostergemeinde aufgewiegelt, haben gegen die Ordensregel verstoßen, haben die Gemüter entzweit, haben alle Ihre Pflichten verletzt, haben mich gezwungen. Sie und diejenigen zu bestrafen, die Sie verführt haben. Ich hätte in der strengsten Weise gegen Sie verfahren können, doch ich habe Sie geschont, ich dachte, Sie würden Ihr Unrecht einsehen und die Gesinnung Ihres Standes wiederfinden, doch nichts dergleichen ist geschehen. Es geht etwas in Ihrem Geiste vor, das nicht zu Ihrem Heile ist. Sie schmieden Pläne; das Interesse des Hauses verlangt, daß ich dieselben kennen lerne, und ich werde dieselben kennen lernen, dafür stehe ich Ihnen. Schwester Susanne, sagen Sie mir die Wahrheit!"

"Ich habe sie Ihnen gesagt!"

"Ich werde gehen; fürchten Sie meine Rückkehr ... Ich setze mich, ich lasse Ihnen noch einen Augenblick Zeit, um sich zu entschließen ..... Ihre Papiere, wenn solche vorhanden sind ..."

"Ich besitze sie nicht mehr."

"Oder den Schwur, daß sie nur Ihre Beichte enthielten!"

"Ich kann ihn nicht leisten."

Sie schwieg einen Augenblick, dann ging sie hinaus und kehrte mit vier ihrer Favoritinnen zurück. Ich flehte ihr Mitleid an, doch sie schrieen alle zusammen:

"Kein Mitleid, Madame, lassen Sie sich nicht erweichen. Sie gebe ihre Papiere heraus oder man werfe sie ins Gefängnis."

Die Oberin blieb unbeweglich, sah mich an und sagte zu mir: "Gieb deine Papiere, Unglückliche, und enthülle, was sie enthalten."

"Madame," riefen sie ihr zu, "verlangen Sie sie nicht mehr von ihr, Sie sind zu gütig; Sie kennen sie nicht, sie ist eine unbeugsame Seele, mit der man nur mit den äußersten Mitteln fertig werden kann; sie treibt Sie selbst dazu, um so schlimmer für sie!"

"Meine teure Mutter," sprach ich zu ihr, "ich habe nichts gethan, was die Menschen beleidigen könnte, das schwöre ich Ihnen."

"Das ist nicht der Schwur, den ich von Ihnen verlange."

"Sie wird über Sie oder über uns an den Erzbischof oder den Großvikar geschrieben haben; Gott mag wissen, wie sie unser Haus geschildert hat; man glaubt ja das Schlechte so leicht!"

Die Oberin schwieg; dann fuhr sie fort: "Sehen Sie her, Schwester Susanne, ..." Ich erhob mich schnell und sagte zu ihr: "Madame, ich habe alles gesehen und weiß, daß ich mich zu Grunde richte; thun Sie mit mir, was Ihnen beliebt, hören Sie auf Ihre Wut, vollenden Sie Ihre Ungerechtigkeit."

Mit diesen Worten hielt ich meine Hände hin, und meine Gefährtinnen bemächtigten sich ihrer. Man riß mir meinen Schleier ab und entkleidete mich ohne Scham. Auf meinem Busen fand man ein kleines Bild meiner früheren Oberin; man nahm mir dasselbe ab, und ich bat, es noch einmal küssen zu dürfen, doch diese Bitte wurde verweigert. Man warf mir ein Hemd über, zog mir meine Strümpfe aus, bedeckte mich mit einem Sack und führte mich mit nackten Füßen durch die Gänge. Ich schrie und rief um Hilfe, doch man hatte die Glocke geläutet, um anzuzeigen, daß niemand erscheinen dürfe. Ich flehte den Himmel an, warf mich zur Erde, doch man schleppte mich weiter. Als ich am Fuß der Treppen anlangte, hatte ich blutige Füße und wunde Beine; ich befand mich in einem Zustand, der Herzen von Stein hätte rühren können. Indessen öffnete man mit großen Schlüsseln die Thür eines kleineren, dunkeln, unterirdischen Raumes, in welchem man mich auf eine von der Feuchtigkeit halb verfaulte Strohmatte warf. Dort fand ich ein Stück Schwarzbrot und einen Krug Wasser nebst einigen plumpen, notwendigen Gefäßen. Die Matte, die an einem Ende zusammengerollt war, bildete ein Kopfkissen, außerdem erblickte ich auf einem Steinblock einen Totenkopf und ein hölzernes Kruzifix. Meine erste Absicht war, mich zu töten; ich fuhr mir mit den Händen nach der Kehle und zerriß mit den Zähnen meine Kleider, dazu stieß ich ein entsetzliches Geschrei aus und brüllte wie ein wildes Tier. Ich schlug mit dem Kopf gegen die Mauern und zerfleischte mich, bis das Blut floß; ich suchte mich zu töten, bis mich die Kräfte verließen, was nicht lange dauerte. Drei Tage habe ich hier zugebracht, und ich glaubte, ich würde mein ganzes Leben hier bleiben. Jeden Morgen trat eine meiner Henkerinnen ein und sagte zu mir:

"Gehorchen Sie unserer Oberin, und Sie werden dieses Gefängnis verlassen."

"Ich habe nichts gethan und weiß nicht, was man von mir verlangt."

Am dritten Tage gegen 9 Uhr öffnete man die Thür, und dieselben Nonnen erschienen, die mich hergebracht hatten. Nachdem sie das Lob unserer Oberin gesungen, teilten sie mir mit, sie ließe mir Gnade widerfahren, und man würde mich in Freiheit setzen.

"Es ist zu spät," sagte ich zu ihnen, "laßt mich hier, ich will sterben."

Indessen hatten sie mich hochgehoben und zogen mich fort; man führte mich wieder in meine Zelle, wo ich die Oberin bereits vorfand.

"Ich habe Gott über Ihr Schicksal befragt, er hat mein Herz gerührt; er wünscht, daß ich Mitleid mit Ihnen haben soll, und ich gehorche ihm. Werfen Sie sich auf die Kniee, und bitten Sie ihn um Verzeihung!"

Ich warf mich zur Erde und sprach:

"Mein Gott, ich bitte dich um Verzeihung wegen der Fehler, die ich begangen; vergieb mir, wie du ja auch am Kreuze für mich betetest."

"Das ist noch nicht alles," sagte die Oberin, "schwören Sie mir beim heiligen Gehorsam, daß Sie nie von dem, was hier vorgegangen, sprechen werden."

"Was Sie gethan, ist also sehr schlecht, da Sie von mir die eidliche Versicherung fordern, daß ich darüber schweigen werde? Niemand soll etwas erfahren als Ihr Gewissen, das schwöre ich Ihnen."

"Sie schwören es?"

"Ja, ich schwöre es Ihnen!"

Hierauf nahmen sie mir die Gewänder wieder ab, die sie mir gegeben, und ließen mich meine eigenen Kleider wieder anziehen.

Nach dieser Zeit nahm ich meinen Platz in der Kirche wieder ein und fügte mich den Regeln des Hauses.

Ich hatte mein Papier nicht vergessen und ebensowenig die junge Schwester, der ich dasselbe übergeben hatte. Einige Tage, nachdem ich mein Gefängnis verlassen, fühlte ich mich im Chor, gerade in demselben Augenblick, als ich es ihr gegeben hatte, das heißt, als wir uns auf die Kniee warfen, zu einander neigten und in unseren Betstühlen verschwanden, leicht an meinem Kleide gezogen; ich streckte die Hand aus, und man gab mir einen Zettel, der nur folgende Worte enthielt:

"Welche Sorgen habe ich Ihretwegen ausgestanden, und was soll ich mit diesem gräßlichen Papier anfangen?"

Nachdem ich diese Worte gelesen, rollte ich den Zettel in meinen Händen zusammen und verschluckte ihn. Das alles spielte sich zu Beginn der Fastenzeit ab. Die Zeit nahte, wo die Neugier, die Klostermusik zu hören, die gute und schlechte Gesellschaft nach Longchamp lockt. Ich hatte eine sehr schöne Stimme, die nicht besonders gelitten hatte. In den Klöstern widmet man den kleinsten Interessen eine große Aufmerksamkeit, daher schonte man mich ein wenig. Ich erfreute mich einer etwas größeren Freiheit. Die Schwestern, welche ich im Gesang unterrichtete, konnten ungehindert zu mir kommen; dazu gehörte auch diejenige, der ich meine Denkschrift anvertraut hatte. In den Erholungsstunden, die wir im Garten zubrachten, nahm ich sie beiseite und ließ sie singen, und während sie sang, sprach ich folgendes zu ihr:

"Sie kennen viele Leute, ich aber kenne niemand. Ich möchte nicht, daß Sie sich irgend einer Gefahr aussetzen; lieber möchte ich hier sterben, als daß man auf Sie Verdacht werfen könnte, mir gedient zu haben. Meine Freundin, Sie wären verloren, das weiß ich, und mich würde es nicht retten; aber selbst wenn ich gerettet werden könnte, so würde ich doch um diesen Preis darauf verzichten."

"Lassen wir das," sagte sie zu mir, "um was handelt es sich?"

"Es handelt sich darum, diese Denkschrift irgend einem geschickten Advokaten zugehen zu lassen, ohne daß er erfährt, aus welchem Hause sie kommt, und eine Antwort von ihm zu erhalten, die Sie mir in der Kirche oder anderswo zustellen werden."

"Übrigens," flüsterte sie mir zu, "was haben Sie denn mit meinem Billet angefangen?"

"Seien Sie unbesorgt, ich habe es verschluckt."

"Seien auch Sie unbesorgt, ich werde an Ihre Sache denken."

Sie hielt ihr Wort und unterrichtete mich davon in unserer gewöhnlichen Weise. Die heilige Woche kam heran. und der Zulauf zur Messe war groß. Ich sang ziemlich gut, meine jungen Schülerinnen waren vortrefflich vorbereitet, einige hatten Stimme, fast alle Ausdruck und Taktgefühl, und es schien mir, als habe sie das Publikum mit Vergnügen gehört und wäre mit dem Erfolge meiner Bestrebungen zufrieden gewesen. Es ist bekannt, daß man am Donnerstag das heilige Sakrament von seinem Tabernakel auf einen besonderen Altar überführt, wo es bis zum Freitag morgen bleibt. Diese Zwischenzeit wird von ununterbrochenen Betübungen der Nonnen ausgefüllt, die sich eine nach der andern oder zu zwei und zwei nach dem Altar begeben. Es ist eine Tafel vorhanden, die einer jeden ihre Stunde anzeigt, und zu meiner großen Zufriedenheit las ich: "Die Schwester Susanne und die Schwester Sanct Ursula von zwei bis drei Uhr morgens." Zur angegebenen Stunde begab ich mich zum Hochaltar, und meine Gefährtin war bereits dort. Wir stellten uns nebeneinander auf die Stufen des Altars, warfen uns zusammen nieder und beteten eine halbe Stunde zu Gott. Nach Verlauf dieser Zeit reichte mir meine junge Freundin die Hand, drückte sie mir und sagte: "Wir werden vielleicht nie wieder Gelegenheit finden, uns so lange und ungehindert zu unterhalten. Ich habe Ihre Denkschrift nicht gelesen, doch ich kann leicht erraten, was sie enthält, und werde in kürzester Zeit die Antwort darauf erhalten. Doch wenn diese Antwort Ihnen nun gestattet, die Ungültigkeit Ihrer Gelübde nachzusuchen, sehen Sie nicht ein, daß Sie notwendigerweise mit Rechtsgelehrten konferieren müssen?"

"Das ist wahr."

"Daß Sie der Freiheit bedürfen?"

"Das ist ebenfalls wahr."

"Und daß Sie, wenn Sie klug handeln, die augenblickliche Stimmung benützen müssen, um Ihr Ziel zu erreichen?"

"Daran habe ich auch gedacht."

"Sie werden es also thun?"

"Ich werde sehen."

"Noch eins! Wenn Ihre Angelegenheit nun eingeleitet wird, so werden Sie hier der ganzen Wut der Klostergemeinschaft anheimgegeben sein. Haben Sie diese Verfolgungen vorausgesehen?"

"Sie werden nicht größer sein als die, die ich schon erduldet."

"Das weiß ich nicht."

"Verzeihen Sie; erstens wird man nicht wagen, über meine Freiheit zu verfügen."

"Und weshalb?"

"Weil ich dann unter dem Schutze der Gesetze stehen werde; ich werde mich sozusagen zwischen der Welt und dem Kloster befinden; ich werde

Sie alle zu Zeugen anrufen; ich werde den Mund öffnen dürfen, und man wird mir volle Freiheit geben, mich zu beklagen; man wird nicht wagen, ein Unrecht zu begehen, das ich zur Sprache bringen könnte; man wird sich hüten, eine schlechte Sache noch schlimmer zu machen."

"Aber es ist doch ganz unglaublich, daß Sie solch eine Abneigung gegen einen Beruf hegen, dessen Pflichten Sie so leicht und gewissenhaft erfüllen."

"Ich fühle diese Abneigung einmal; ich habe sie bei der Geburt empfangen, und sie wird mich nicht verlassen. Ich würde schließlich eine schlechte Nonne werden, und dem will ich zuvorkommen."

"Doch wenn Sie unglücklicherweise unterliegen sollten?"

"Wenn ich unterliege, so werde ich um die Erlaubnis bitten, das Kloster zu wechseln, oder sterben."

"Man hat lange zu leiden, bevor man stirbt. Oh, meine Freundin, Ihr Schritt läßt mich erzittern; ich fürchte. Ihr Gelübde wird nicht gelöst werden, und ich fürchte auch, daß es doch geschieht; wenn das aber der Fall ist, was soll aus Ihnen werden? Was werden Sie in der Welt anfangen? Sie haben Figur, Geist und Talente; doch man sagt, das führe, wenn man tugendhaft ist, zu nichts, und ich weiß, Sie werden der Tugend nie die Treue brechen."

"Sie lassen mir Gerechtigkeit widerfahren, der *Tugend* aber nicht, auf sie allein zähle ich; je seltener sie unter den Menschen ist, desto höher muß sie geschätzt werden. Man lobt sie, doch man thut nichts für sie. Das eben ermutigt mich und hält mich in meinem Plane aufrecht. Was man auch gegen mich einwenden mag, man wird stets meine Sitten achten; man wird wenigstens nicht sagen, wie man es bei den meisten andern thut, daß ich von einer ungeregelten Leidenschaft aus meinem Berufe getrieben worden bin; ich sehe niemand, ich kenne niemand. Ich verlange nichts weiter als die Freiheit, weil das Opfer meiner Freiheit kein freiwilliges gewesen ist. Haben Sie meine Denkschrift gelesen?"

"Nein; ich habe das Päckchen, welches Sie mir gegeben haben, geöffnet, weil es ohne Adresse war und ich geglaubt habe, es wäre für mich bestimmt; doch die ersten Zeilen haben mich eines andern belehrt, und ich habe nicht weiter gelesen ... Doch die Stunde unserer Andacht geht zu Ende, knien wir nieder, damit die, die uns ablösen, uns in der Lage vorfinden, die wir einnehmen müssen. Bitten Sie Gott, daß er Sie erleuchte und leite; ich werde mein Gebet und meine Seufzer mit den Ihrigen vereinigen."

Meine Seele fühlte sich ein wenig erleichtert. Meine Gefährtin richtete sich auf und betete; ich warf mich zur Erde, meine Stirn lehnte sich an die letzte Stufe des Altars, und meine Arme streckten sich nach den höheren Stufen aus. Ich glaube nicht, daß man sich je mit größerem Troste und größerer Inbrunst an Gott gewendet hat. Das Herz schlug mir heftig, und ich vergaß in einem Augenblick alles, was mich umgab. Ich weiß nicht, wie lange ich in dieser Lage blieb, noch wie lange ich in derselben geblieben sein würde, doch ich bot ein äußerst rührendes Schauspiel für meine Gefährtin und die beiden Nonnen, die dazu gekommen waren. Als ich mich erhob, glaubte ich, allein zu sein, doch ich täuschte mich; sie waren alle drei hinter mich getreten und brachen in Thränen aus; sie hatten nicht gewagt, mich zu unterbrechen und warteten nun, daß ich von selbst aus dem Zustand der Geistesabwesenheit und Aufregung erwachen sollte, in dem ich mich befand. Als unsere Andacht beendet war, überließen wir unseren Nachfolgerinnen den Platz und umarmten uns, meine junge Gefährtin und ich, bevor wir uns trennten, sehr zärtlich.

Die Scene am Altar erregte Aufsehen; dazu kam noch der Erfolg unserer Messe am Charfreitag; ich sang, ich spielte Orgel, und man klatschte mir Beifall. Man kam mir entgegen, und zwar die Oberin zuerst. Einige Personen der vornehmen Gesellschaft suchten mich kennen zu lernen, und das paßte zu gut zu meinem Plane, als daß ich es hätte von der Hand weisen können. Ich wurde dem ersten Präsidenten vorgestellt, der Frau von Soubise und einer Menge ehrenwerter Leute, Mönche, Minister, Offiziere, Beamte, weltliche und fromme Frauen.

Der erste Beweis von Güte, den man mir gab, bestand darin, daß man mich wieder in meine Zelle zurückführte. Ich hatte den Mut, das kleine Bild unserer Oberin wieder zu verlangen, und man wagte nicht, es mir zu verweigern; es hat wieder seinen Platz auf meinem Herzen eingenommen und wird dort so lange bleiben, wie ich lebe. Alle Morgen ist es das erste, meine Seele zu Gott zu erheben, das zweite, das Bild zu küssen. Wenn ich beten will und meine Seele kalt fühle, so nehme ich's von meinem Halse, lege es vor mich hin, sehe es an, und es begeistert mich.

Ich erhielt die Antwort auf meine Denkschrift, sie war von einem Herrn Manouri, der sich weder günstig, noch ungünstig aussprach. Bevor man über die Angelegenheit ein Urteil abgeben konnte, verlangte man eine große Anzahl mündlicher Aufklärungen, die man schwer geben konnte, ohne zusammenzukommen; ich gab deshalb meinen Namen an und forderte Herrn Manouri auf, sich nach Longchamp zu begeben. Wir unterhielten uns sehr lange Zeit und verabredeten einen Briefwechsel, durch welchen er mir sicher seine Fragen zukommen lassen und ich ihm meine Antworten schicken sollte. Ich meinerseits verwandte alle Zeit, die er meiner Angelegenheit widmete, dazu, um die Gemüter vorzubereiten, für mein Schicksal zu interessieren und mir Gönner zu verschaffen. Ich nannte meinen Namen und enthüllte mein Betragen in dem ersten Kloster, das ich bewohnt, erzählte, was ich in dem Elternhause gelitten, die Qualen, die ich im Kloster erduldet hatte, meinen Protest in Sainte-Marie, meinen Aufenthalt in Longchamp, meine Einkleidung, die Ablegung meines Gelübdes, die Grausamkeit, mit der ich behandelt worden, und so weiter, und so weiter. Man beklagte mich und bot mir Hilfe an, und ich nahm mir vor, den guten Willen, den man mir bezeigte, zur Zeit, da ich seiner bedürfen würde, zu benutzen, ohne vor der Hand weitere Erklärungen abzugeben. Im Hause wurde nichts bekannt; ich hatte von Rom die Erlaubnis erhalten, gegen meine Gelübde Einspruch zu erheben, und der Prozeß stand unmittelbar bevor, als man sich noch in tiefster Sicherheit wiegte. Man kann sich die Überraschung unserer Oberin denken, als man ihr im Namen der Schwester Marie-Susanne Simonin einen Protest gegen ihre Gelübde übergab mit dem Ersuchen, das Ordenskleid ablegen, das Kloster verlassen und über sich verfügen zu dürfen, wie es ihr beliebte.

Kaum hatte die Oberin die gerichtliche Zustellung meines Gesuches erhalten, als sie in meine Zelle gestürzt kam und zu mir sagte:

"Wie, Schwester Sainte-Susanne, Sie wollen uns verlassen?"

"Ja, Madame!"

"Und Sie wollen gegen Ihre Gelübde protestieren?"

"Ja, Madame!"

"Haben Sie sie denn nicht freiwillig abgelegt?"

"Nein, Madame!"

"Und wer hat Sie dazu gezwungen?"

"Alles!"

"Ihr Herr Vater?"

"Ja, mein Vater!"

"Ihre Frau Mutter?"

"Ja!"

"Und warum haben Sie nicht am Fuße des Altars protestiert?"

"Ich gehörte mir so wenig selbst an, daß ich mich nicht einmal erinnere, der Ceremonie beigewohnt zu haben."

"Wie können Sie nur so sprechen?!"

"Ich spreche die Wahrheit!"

"Wie? Sie haben nicht gehört, wie der Priester Sie fragte: Schwester Susanne Simonin, versprechen Sie Gott Gehorsam, Keuschheit und Armut?"

"Ich erinnere mich nicht daran!"

"Sie haben doch mit ›ja‹ geantwortet?"

"Ich habe keine Erinnerung daran!"

"Und Sie bilden sich ein, daß die Leute Ihnen glauben werden?"

"Ob sie mir nun glauben oder nicht, die Thatsache bleibt deshalb doch dieselbe."

"Teures Kind, bedenken Sie doch, welche Mißbräuche daraus erfolgen würden, wenn man auf solche Vorwände hörte! Sie haben einen unbedachten Schritt gethan und sich von einem Gefühl der Rache hinreißen lassen; Sie haben sich die Strafen zu Herzen genommen, die ich Ihnen auferlegen mußte; Sie haben geglaubt, sie seien hinreichend, um Ihr Gelübde zu brechen, doch Sie haben sich getäuscht, das darf nicht geschehen, weder vor Gott, noch vor den Menschen. Bedenken Sie, daß der Meineid das größte aller Verbrechen ist, daß Sie es in Ihrem Herzen schon begonnen haben und nun im Begriffe stehen, es zu vollenden."

"Ich werde nicht meineidig werden, denn ich habe nicht geschworen."

"Wenn man einiges Unrecht gegen Sie begangen hat, ist das nicht wieder gut gemacht worden?"

"Nicht dieses Unrecht hat mich zu dem Entschluß geführt."

"Was denn?"

"Der Mangel an Beruf, der Mangel an Freiheit!"

"Wenn Sie sich nicht berufen fühlten, warum sagten Sie das nicht, als es noch Zeit war?"

"Was hätte das für einen Zweck gehabt?"

"Warum zeigten Sie nicht dieselbe Festigkeit wie in Sainte-Marie?"

"Hängt die Festigkeit von uns ab? Beim ersten Male war ich gefesselt, beim zweiten war ich geistesabwesend."

"Warum riefen Sie nicht einen Rechtsgelehrten zu Hilfe? Warum protestierten Sie nicht? Sie hatten doch vierundzwanzig Stunden Zeit, um zurückzutreten."

"Wußte ich denn etwas von diesen Formalitäten? Und hätte ich etwas davon gewußt, war ich denn imstande, mich ihrer zu bedienen? Haben Sie nicht selbst die Gemütsstörung bemerkt, die sich meiner bemächtigt hatte? Wenn ich Sie nun zum Zeugen nehmen würde, könnten Sie beschwören, daß ich geistig gesund gewesen bin?"

"Ja, das werde ich beschwören."

"Nun, Madame, so werde nicht ich, sondern Sie meineidig sein."

"Mein Kind, Sie werden einen unnützen Skandal erregen, seien Sie vernünftig, ich bitte Sie darum in Ihrem eigenen Interesse und dem des Hauses; solche Angelegenheiten werden nicht ohne peinliche Erörterungen ausgetragen."

"Das wird nicht meine Schuld sein!"

"Die Menschen sind boshaft, man wird die ungünstigsten Vermutungen über Sie anstellen und wird glauben ..."

"Mag man glauben, was man will."

"Aber sprechen Sie doch aufrichtig zu mir, wenn Sie mit irgend etwas unzufrieden sind, es giebt ja ein Mittel dagegen."

"Ich war und bin und werde mein ganzes Leben mit meinem Schicksal unzufrieden sein."

"Sollte der Geist der Verführung, der uns unaufhörlich umgiebt und uns zu verderben sucht, die zu große Freiheit, die man Ihnen seit kurzem bewilligt hat, benutzt haben, um Ihnen eine verhängnisvolle Neigung einzuflößen?"

"Nein, Madame! Sie wissen, ich schwöre nicht ohne Not; und so erkläre ich Ihnen denn vor Gott, mein Herz ist unschuldig und hat nie ein schlechtes Gefühl empfunden."

"Dann begreife ich Sie nicht."

"Und doch, Madame, ist nichts leichter zu begreifen. Jeder hat seinen Charakter, und ich habe eben den meinen; Sie lieben das Klosterleben, und ich hasse es. Ich würde hier zu Grunde gehen, denn ich bin und werde stets eine schlechte Nonne sein."

"Und weshalb? Niemand erfüllt seine Pflichten besser als Sie."

"Ja, aber nur widerwillig."

"Um so größer ist Ihr Verdienst."

"Darüber steht nur *mir* ein Urteil zu, und ich muß gestehen, daß mein Verdienst gleich Null ist. Ich bin es müde zu heucheln, und mit einem

Wort, Madame, ich erkenne als wahre Nonnen nur diejenigen an, die von ihrer Neigung zu dem eingezogenen Leben hier zurückgehalten werden, und die selbst dann hierbleiben würden, wenn weder Mauer, noch Gitter sie einschlössen. Ich gehöre nicht zu dieser Zahl, mein Körper ist hier, doch nicht mein Herz, und müßte ich zwischen Tod und ewiger Einschließung wählen, so würde ich vor dem Sterben nicht zurückbeben."

"Wie! Sie würden ohne Gewissensbisse diesen Schleier und diese Kleider ablegen?"

"Ja, Madame, denn ich habe sie ohne Überlegung und Freiheit angenommen."

Meine Antwort versetzte sie in Bestürzung; sie erblaßte und wollte noch weiter sprechen, doch ihre Lippen zitterten, und sie wußte nicht mehr recht, was sie mir sagen sollte. Sie ging erregt in der Zelle auf und ab und rief:

"Oh, mein Gott, was werden unsere Schwestern dazu sagen? Schwester Sainte-Susanne, es ist also Ihr fester Entschluß, Sie wollen uns entehren, uns zum öffentlichen Gespräch machen und zu Grunde richten?"

"Ich will aus diesem Hause heraus!"

"Aber wenn Ihnen nur das Haus mißfällt?"

"Es ist das Haus, mein Beruf, meine Religion; ich will weder hier, noch anderswo eingeschlossen sein."

"Mein Kind, Sie sind vom Dämon besessen; der böse Geist spricht aus Ihnen. Sehen Sie doch nur, in welchem Zustand Sie sich befinden!"

"Ich warf einen Blick auf meine Kleider, sah, daß sie in Unordnung geraten waren, und daß der Schleier auf meine Schultern gesunken war. Ich war empört über diese Reden der boshaften Oberin, die mit falscher Milde zu mir sprach, und versetzte deshalb unwillig:

"Nein, Madame, nein, ich will diese Kleidung nicht mehr, ich will sie nicht!"

Trotzdem versuchte ich meinen Schleier wieder in Ordnung zu bringen; doch meine Hände zitterten, und je mehr ich mich bemühte, ihn zu entwirren, desto mehr verwirrte ich ihn; da ich ärgerlich geworden war, so ergriff ich ihn heftig, riß ihn ab, warf ihn zur Erde und blieb mit wirren Haaren vor meiner Oberin stehen. Bald jedoch kam ich wieder zu mir, ich erkannte das Unpassende meines Zustandes und die Unklugheit meiner Reden, faßte mich, so gut es ging, hob meinen Schleier auf und legte ihn wieder an; dann wandte ich mich zu ihr und sagte:

"Madame, ich schäme mich meiner Heftigkeit und bitte Sie deshalb um Verzeihung, doch Sie können daraus ersehen, wie wenig der Stand einer Nonne für mich paßt, und wie richtig es ist, wenn ich mich ihm zu entziehen suche."

Ohne mich anzuhören, erwiderte sie:

"Was wird die Welt, was werden unsere Schwestern dazu sagen?"

"Madame, wollen Sie einen Skandal vermeiden, dazu gäbe es ein Mittel. Ich verlange nicht, daß Sie mir die Thüren öffnen, doch lassen Sie sie heute, morgen, später schlecht bewachen, und entdecken Sie meine Flucht so spät wie möglich."

"Unglückliche, was wagen Sie mir vorzuschlagen?"

"Einen Rat, den eine gute und kluge Oberin bei allen denen befolgen sollte, für die das Kloster ein Gefängnis ist, und für mich ist es ein tausendmal schlimmeres als diejenigen, in welche man die Missethäter sperrt; ich muß es also verlassen oder darin umkommen. Madame," fuhr ich mit feierlichem Tone fort, "hören Sie mich an. Wenn die Gesetze, an die ich mich gewendet habe, meine Erwartungen täuschen sollten und ich, von der Verzweiflung getrieben ... Sie haben einen Brunnen; es giebt Fenster im Hause ... man hat überall Mauern vor sich ... ein Kleid, das man zerreißen kann ..."

"Halten Sie ein, Unglückselige; wie! Sie könnten ...?"

"Ja, ich könnte in Ermangelung von Mitteln, den Leiden des Lebens plötzlich ein Ende zu machen, die Nahrung zurückweisen. Es steht einem frei, zu essen oder zu trinken oder es nicht zu thun .... Wenn ich nun nach dem, was ich Ihnen eben gesagt, den Mut hätte – und Sie wissen, es fehlt mir daran nicht – versetzen Sie sich vor den Richterstuhl Gottes und sagen Sie mir, wer Ihnen schuldiger erscheinen würde, die Nonne oder die Oberin? ... Madame, ich verlange nichts von dem Hause und werde nie etwas von ihm verlangen; ersparen Sie mir eine Missethat, ersparen Sie sich lange Gewissensbisse, einigen wir uns ...."

"Wo denken Sie hin, Schwester Susanne, ich sollte die erste meiner Pflichten verletzen, sollte meine Hände zu einem Verbrechen hergeben und an einer Kirchenschändung teilnehmen?"

"Die wahre Kirchenschändung begehe ich tagtäglich, indem ich die geheiligten Gewänder, die ich trage, durch Verachtung entweihe. Nehmen Sie sie mir, ich bin ihrer unwürdig, lassen Sie mir aus dem Dorfe die Lumpen der ärmsten Bäuerin holen und die Pforte öffnen."

"Und wohin wollen Sie gehen?"

"Das weiß ich nicht!"

"Sie besitzen doch nichts."

"Das ist wahr, doch die Armut fürchte ich nicht am meisten."

"Fürchten Sie die Unsittlichkeit, zu der sie verleitet!"

"Die Vergangenheit bürgt mir für die Zukunft; hätte ich auf das Verbrechen hören wollen, so wäre ich jetzt frei. Doch wenn es mir erlaubt ist, dieses Haus zu verlassen, so wird es entweder mit Ihrer Einwilligung oder auf Grund der Gesetze geschehen, die Wahl steht Ihnen frei!"

Diese Unterredung hatte ziemlich lange gedauert, und die Oberin war noch immer nicht mit ihren Bemerkungen am Ende angelangt: "Was wird die Welt, was werden unsere Schwestern dazu sagen?" als uns die Glocke, die uns zum Gottesdienste rief, trennte. Zum Abschied sagte sie zu mir: "Schwester Sainte-Susanne, Sie gehen zur Kirche, bitten Sie Gott, daß er Sie rühre und Ihnen die Neigung für Ihren Beruf wieder zurückgebe; es ist unmöglich, daß er Ihnen keine Vorwürfe machen sollte; vom Gesange entbinde ich Sie!"

Wir stiegen fast zusammen hinunter; der Gottesdienst ging zu Ende und zum Schlusse desselben, als alle Schwestern im Begriff standen, sich zu trennen, klopfte sie auf ihr Gebetbuch und hielt sie zurück, indem sie sagte:

"Meine Schwestern, ich fordere Sie auf, sich am Fuße des Altars nieder-zuwerfen und das Mitleid Gottes für eine Nonne anzuflehen, die er ver-lassen hat, die die Neigung und den Geist der Religion verloren hat und im Begriff steht, sich zu einer in Gottes Augen kirchenschänderischen und in den Augen der Menschen schmachvollen Handlung herbeizulas-sen."

Die allgemeine Überraschung zu beschreiben, ist mir unmöglich; im Nu hatte eine Jede das Gesicht ihrer Gefährtin betrachtet und suchte die Schuldige an ihrer Verlegenheit zu entdecken. Alle warfen sich nieder und beteten stillschweigend. Nach Verlauf einer ziemlich beträchtlichen Zeit stimmte die Oberin mit heiserer Stimme das *Veni Creator* an, dann klopf-te sie nach einer zweiten Pause auf ihr Gebetbuch, und man verließ die Kirche.

Meine Bittschrift begann in der Gesellschaft Aufsehen zu erregen, und ich erhielt zahlreiche Besuche; die einen machten mir Vorwürfe, die an-dern gaben mir gute Ratschläge, die einen billigten mein Vorhaben, die andern tadelten es. Nur wenige Personen blieben mir aufrichtig ergeben, darunter Herr Manouri, der meine Angelegenheit übernommen hatte und dem ich mein ganzes Herz ausschütten konnte. Als ich, von den Qualen, mit denen man mich bedrohte, erschreckt, zurückwich, kam mir wieder jener Kerker in den Sinn, in den man mich bereits einmal gewor-fen hatte. Ich kannte die Wut der Nonnen und teilte meine Ansicht Herrn Manouri mit, der zu mir sagte:

"Es ist unmöglich, Ihnen alle Leiden zu ersparen; Sie werden solche zu erdulden haben und müssen darauf gefaßt sein, deshalb waffnen Sie sich mit Geduld und lassen Sie sich von der Hoffnung aufrecht erhalten, daß diese Qualen ein Ende nehmen werden. Was den Kerker anbetrifft, so verspreche ich Ihnen, daß Sie nicht mehr dahin zurückkehren werden."

In der That brachte er einige Tage später der Oberin eine Aufforderung, mich jedesmal und so oft vorzuführen, sobald man es von ihr verlangte.

Am nächsten Tage nach dem Gottesdienste wurde ich aufs neue den öffentlichen Gebeten der Klostergemeinschaft empfohlen; man betete stillschweigend und sprach die Hymne vom vorigen Tage. Dieselbe Zeremonie fand am dritten Tage statt mit dem Unterschiede, daß man mir befahl, mich in die Mitte des Chores zu stellen, und die Gebete für die Sterbenden, die Litaneien für die Heiligen mit dem Schlußsatz *ora pro ea*, herzusagen begann. Am vierten Tage fand ein Mummenschanz statt, der den seltsamen Charakter der Oberin ins rechte Licht stellte. Zum Schluß des Gottesdienstes ließ man mich in einen in der Mitte des Chores stehenden Sarg legen, man stellte Kerzen zu beiden Seiten und einen Weihkessel auf und sprach die Totenmesse, worauf jede Nonne, als sie die Kirche verließ, mich mit Weihwasser besprengte und die Worte dazu sagte: *"Requiescat in pace"*. Zwei Nonnen hoben sodann das Leichentuch auf, löschten die Kerzen aus und ließen mich, bis auf die Haut vom Wasser durchnäßt, mit dem sie mich boshafterweise bespritzt hatten, liegen. Meine Kleider trockneten an meinem Leibe, denn ich hatte keine zum wechseln. Dieser Qual folgte bald eine andere; die Klostergemeinde kam zusammen, man betrachtete mich wie eine Verworfene, mein Schritt wurde als Abfall angesehen, und man verbot allen Nonnen bei Androhung strenger Strafe, mit mir zu sprechen, mir zu helfen, mir zu nahe zu kommen, ja, auch nur sich der Gegenstände zu bedienen, deren ich mich bedient hatte. Die Gänge in unseren Klöstern sind eng, zwei Personen haben an manchen Stellen Mühe, aneinander vorbeizugehen. Schritt ich nun einen solchen Gang entlang, und kam mir eine Nonne entgegen, so drehte sie sich entweder um, oder drückte sich an die Wand und hielt ihren Schleier und die Kleider fest, aus Furcht, sie könnten die meinen berühren. Hatte man etwas von mir entgegenzunehmen, so stellte ich es auf die Erde, und man nahm es mit einem Tuch; hatte man mir etwas zu geben, so warf man es mir zu. Hatte man das Unglück gehabt, mich zu berühren, so glaubte man sich besudelt, beichtete der Oberin und ließ sich von ihr Absolution erteilen.

Ferner nahm man mir alle meine Ämter ab; in der Kirche ließ man einen Stuhl neben dem, den ich einnahm, zu jeder Seite frei. Ich saß allein im Refektorium an einem Tisch; man trug mir nichts auf, sondern ich war gezwungen, nach der Küche zu gehen und um eine Portion zu bitten. Beim ersten Male rief mir die Schwester Küchenmeisterin zu:

"Treten Sie nicht ein, entfernen Sie sich!"

Ich gehorchte ihr.

Was wollen Sie?"

"Etwas zu essen."

"Zu essen? Sie sind nicht wert, zu leben."

Manchmal kehrte ich um und verbrachte den Tag, ohne etwas zu mir zu nehmen, manchmal bestand ich jedoch darauf, und man setzte mir Speisen auf die Schwelle, die man sich geschämt hätte, Tieren zu geben; ich hob sie weinend auf und ging von dannen. Indessen ließen meine Kräfte infolge der geringen Nahrung nach, die schlechte Qualität derer, die ich zu mir nahm, und noch mehr die Qual, die ich infolge so vieler Zeichen von Unmenschlichkeit zu erdulden hatte, trat dazu, und ich fühlte, wenn ich weiter litt, ohne mich zu beklagen, so würde ich das Ende meines Prozesses nicht erleben. Ich beschloß daher, mit der Oberin zu reden, und obwohl ich halbtot vor Angst war, so klopfte ich doch leise an ihre Thür. Sie öffnete mir, wich bei meinem Anblick mehrere Schritte zurück und rief mir zu:

"Abtrünnige, entfernen Sie sich!"

Ich entfernte mich einige Schritte.

"Noch weiter!"

Ich entfernte mich noch weiter.

"Was wollen Sie?"

"Da weder Gott noch die Menschen mich zum Tode verurteilt haben, so wünsche ich, Madame, daß Sie befehlen, daß man mir das zum Leben Notwendige verabreiche."

"Leben?" sagte sie zu mir, "sind Sie dessen würdig?"

"Das weiß nur Gott; doch ich sage Ihnen im voraus, wenn man mir weiter die Nahrung verweigert, so werde ich gezwungen sein, mich bei denen zu beklagen, die mich unter ihren Schutz genommen haben. Ich bin hier nur ein anvertrautes Gut, bis über mein Schicksal und meinen Stand entschieden sein wird."

"Gehen Sie," sagte sie zu mir, "besudeln Sie mich nicht mit Ihren Blicken; ich werde dafür sorgen."

Ich ging, und sie schloß heftig die Thür. Anscheinend gab sie die nötigen Befehle, doch ich wurde deshalb nicht besser behandelt; man machte sich ein Verdienst daraus, ihr ungehorsam zu sein; man warf mir die gröbsten Speisen vor und verdarb sie noch mit Asche und allerlei Unrat.

Dieses Leben führte ich, solange mein Prozeß dauerte. Das Sprechzimmer war mir nicht vollständig verboten; mankonnte mir die Erlaubnis nicht nehmen, mich mit meinen Richtern oder Advokaten zu besprechen; doch auch dieser mußte mehrmals erst Drohungen anwenden, bevor er mich zu Gesicht bekam. Dann begleitete mich eine Schwester, und dieselbe führte Klage, wenn ich leise sprach. Blieb ich lange, so wurde sie ungeduldig, unterbrach mich, strafte mich Lügen, widersprach mir, wiederholte der Oberin meine Reden, veränderte sie, entstellte sie und schob mir Worte unter, die ich gar nicht gesprochen hatte. Man ging soweit, daß man mich bestahl, man plünderte mich förmlich aus, nahm mir meine Stühle, meine Decken und Matratzen, man gab mir keine reine Wäsche mehr; meine Kleider zerrissen, ich war fast ohne Schuhe und Strümpfe. Mit Mühe erhielt ich Wasser, und mehrmals war ich genötigt, selbst an den Brunnen zu gehen. Mehrere Schwestern spieen mir ins Gesicht; ich war schrecklich unreinlich geworden, und da man die Klagen fürchtete, die ich bei unseren Beichtvätern hätte vorbringen können, wurde mir sogar die Beichte untersagt.

An einem großen Festtage, ich glaube, es war der Himmelfahrtstag, ruinierte man mir mein Schlüsselloch, so daß ich nicht zur Messe gehen konnte; und vielleicht hätte ich auch alle anderen Gottesdienste verfehlt, hätte ich nicht den Besuch des Herrn Manouri erhalten, dem man zuerst sagte, man wüßte nicht, was aus mir geworden wäre, man bekäme mich nicht mehr zu Gesicht, und ich erfüllte keine Religionsübungen mehr. Indessen gelang es mir doch mit vieler Mühe, das Schloß loszureißen, und ich begab mich zur Thüre des Chores, die ich verschlossen fand, wie es immer geschah, wenn ich nicht als eine der ersten erschien. Ich lag auf der Erde, den Kopf und den Rücken an eine der Mauern gelehnt, die Arme auf der Brust gekreuzt, und versperrte mit dem übrigen Körper den Zugang. Als der Gottesdienst zu Ende war und die Nonnen hinausgehen wollten, blieb die erste stehen, die anderen traten herzu; die Oberin ahnte, was vorging, und sagte:

"Tretet auf sie, sie ist ja doch nur ein Leichnam!"

Einige gehorchten und traten mich mit Füßen, andere waren weniger unmenschlich, doch keine wagte, mir die Hand zu reichen und mich aufzuheben. Während ich bewußtlos dalag, holte man aus meiner Zelle mein Betpult, das Bildnis unserer Stifterin, die anderen heiligen Bilder und das Kruzifix; man ließ mir nur das, was ich an meinem Rosenkranz trug, doch auch dieses blieb mir nicht lange. Ich lebte zwischen zwei nackten Mauern, in einem Zimmer ohne Thür, ohne Stühle; ich schlief im Stehen oder auf einer Strohmatte. Da meine Zelle nicht mehr schloß, so drang man lärmend während der Nacht ein, schrie, schüttelte mein Bett, zerrte an meinen Fenstern, zerschlug dieselben und spielte mir allen möglichen Schabernack. Der Lärm stieg bis in das darüber gelegene Stockwerk, dröhnte auch nach dem unteren, und diejenigen, die nicht im Komplott waren, sagten, es gingen in meinem Zimmer seltsame Dinge vor, sie hätten düstere Stimmen vernommen, Geschrei, Kettengerassel, ich stände mit Gespenstern und Geistern im Verkehr, und man müßte den Gang, in welchem meine Zelle liege, auf das sorgfältigste meiden.

Es giebt in den Klostergemeinden schwache Köpfe, die das glaubten, was man ihnen sagte, und nicht mehr wagten, an meiner Thür vorbeizugehen; solche machten das Zeichen des Kreuzes, wenn sie mir begegneten und flohen, indem sie zu schreien begannen:

"Satan, weiche von mir, mein Gott, komm mir zu Hilfe!"

Eines Tages ging eine der jüngsten über den Korridor; ich kam ihr entgegen, und es war nicht mehr möglich, mir auszuweichen; da packte sie die schrecklichste Furcht. Zuerst wandte sie das Gesicht zur Mauer und rief mit zitternder Stimme:

"Mein Gott! mein Gott! Jesus Maria!"

Indessen kam ich immer näher; als sie mich ganz in ihrer Nähe fühlte, bedeckte sie das Gesicht mit beiden Händen, stürzte heftig in meine Arme und schrie:

"Zu Hilfe, zu Hilfe, Erbarmen; ich bin verloren; Schwester Sainte-Susannne, thun Sie mir kein Leid an, Schwester Sainte-Susanne, haben Sie Mitleid mit mir ...." Während sie diese Worte sprach, fiel sie halbtot zur Erde nieder. Auf ihr Geschrei kommt man herbeigelaufen und bringt sie fort, und es ist kaum glaublich, wie dieser Vorfall entstellt wurde; man machte daraus das größte Verbrechen von der Welt, behauptete, der Dämon der Unkeuschheit hätte sich meiner bemächtigt und schob mir Absichten, Handlungen unter, die ich nicht zu nennen wage.

Eins aber muß ich erwähnen, und dieser Zug wird noch seltsamer erscheinen, als alles andere: Obgleich ich nichts that, was auf einen gestörten Geist hätte hinweisen können, geschweige denn auf einen vom Teufel besessenen Geist, so berieten sie doch, ob man nicht die Teufelsaustreibung an mir vornehmen sollte, und mit großer Stimmenmehrheit kam man zu der Ansicht, daß der Dämon in mir Hause und mich von der Ausübung religiöser Pflichten zurückhielte. Eine andere fügte hinzu, ich knirsche bei einzelnen Stellen der Predigten mit den Zähnen und zittere in der Kirche. Alle waren der Meinung, es ginge etwas in mir vor, das nicht natürlich wäre, und man müßte den Großvikar davon in Kenntnis setzen, was denn auch geschah.

Dieser Großvikar war ein Herr Hebert, ein bejahrter und erfahrener Mann, heftig, aber gerecht und aufgeklärt. Man schilderte ihm ganz genau die Aufregung, die im Hause herrschte, und die Anklagen waren so stark und mannigfach, daß Herr Hebert trotz seines gesunden Menschenverstandes nicht umhin konnte, ihnen zum Teil näherzutreten und anzunehmen, daß viel Wahres daran sei. Die Sache erschien ihm wichtig genug, um sich persönlich damit zu beschäftigen; er ließ seinen Besuch anmelden und kam in der That in Begleitung zweier junger Geistlichen, die ihn in seiner schweren Pflicht unterstützten.

Einige Tage vorher hörte ich, wie man in der Nacht leise in mein Zimmer trat. Ich sagte nichts, erwartete, daß man zu mir sprach, und man rief mir wirklich mit leiser und zitternder Stimme zu:

"Schwester Sainte-Susanne, schlafen Sie?"

"Nein, ich schlafe nicht; wer ist da?"

"Ich bin's!"

"Wer sind Sie?"

"Ihre Freundin, die vor Angst stirbt und sich selbst der Gefahr aussetzt, um Ihnen einen vielleicht ganz unnützen Rat zu erteilen. Hören Sie: morgen oder übermorgen wird der Großvikar erscheinen; Sie werden angeklagt werden. Bereiten Sie sich deshalb auf Ihre Verteidigung vor. Leben Sie wohl, haben Sie Mut und der Herr sei mit Ihnen."

Nachdem sie diese Worte gesprochen, entfernte sie sich mit der Leichtigkeit eines Schattens.

Indessen wurde mein Prozeß eifrig betrieben; eine Menge Personen jedes Standes, jedes Geschlechts, jedes Gewerbes, die ich gar nicht kannte, interessierten sich für mein Schicksal und verwandten sich für mich.

Ich benutzte den Rat meiner Freundin, um den Beistand Gottes anzustehen, meine Seele zu beruhigen und mich aus meine Verteidigung vorzubereiten. Ich bat den Himmel nur um das Glück, gefragt und unparteiisch angehört zu werden. Wenn es in meinem Interesse war, vor meinen Richtern unschuldig und klug zu erscheinen, so war es für meine Oberin ebenso wichtig, daß man mich als boshaft, vom Dämon besessen, schuldig und wahnsinnig erblicken sollte. Wahrend ich daher meine Inbrunst und meine Gebete verdoppelte, verdoppelte man auch die Bosheiten; man gab mir als Nahrung nur das Notwendigste, um mich nicht vor Hunger sterben zu lassen; man überhäufte mich mit Schmähungen, man beraubte mich vollständig der Nachtruhe; alles, was die Gesundheit vernichten und den Geist zerstören kann, wurde ins Werk gesetzt. Eines Tages, als ich meine Zelle verließ, um zur Kirche zu gehen, bemerkte ich, als ich den Gang durchschritt, auf der Erde eine Zange; ich beugte mich, um sie aufzuheben und sie so hinzulegen, daß die, die sie verloren hatte, sie leicht wieder finden konnte. Das Tageslicht hinderte mich, zu sehen, daß sie fast rotglühend war; ich erfaßte sie, doch als ich sie wieder fallen ließ, riß sie mir auf der Innenseite meiner Hand die ganze Haut mit fort. Man stellte in der Nacht, an Orten, wo ich vorbeigehen mußte, Hindernisse auf, sowohl zu meinen Füßen, als auch in der Höhe meines Kopfes, so daß ich mich wohl hundertmal verletzt habe und mich wundere, wie ich dabei nicht umgekommen bin. Ich hatte kein Licht und war stets genötigt, unter Zittern und Beben mit ausgestreckten Händen durch die Gänge zu schreiten. Kurz und gut, es war hohe Zeit, daß der Archidiakon erschien, es war Zeit, daß mein Prozeß zu Ende ging!

An dem Tage, da der Großvikar erwartet wurde, trat die Oberin schon am frühen Morgen in meine Zelle. Sie war von drei Schwestern begleitet; die eine trug einen Weihkessel, die andere ein Kruzifix, die dritte Stricke. Die Oberin sagte mit starker und drohender Stimme zu mir:

"Stehen Sie auf, werfen Sie sich auf die Kniee, und empfehlen Sie Ihre Seele Gott!"

"Madame," versetzte ich, "bevor ich Ihnen gehorche, möchte ich Sie fragen, was mit mir geschehen soll, was Sie über mich beschlossen haben, und was ich von Gott erflehen soll?"

Ein kalter Schweiß floß mir über den ganzen Körper; ich zitterte und fühlte, wie meine Kniee unter mirzusammenbrachen. Entsetzt betrachtete ich die unheilverkündenden Begleiterinnen; sie standen in derselben Linie, mit düsterem Gesicht, zusammengepreßten Lippen und geschlossenen Augen. Ich glaubte, aus dem Schweigen, das man beobachtete, entnehmen zu dürfen, man hätte mich nicht gehört; ich wiederholte die letzten Worte dieser Frage, denn sie ganz zu wiederholen, hatte ich nicht die Kraft. Daher sprach ich mit schwacher und erlöschender Stimme:

"Um welche Gnade soll ich Gott bitten?"

"Bitten Sie ihn um die Verzeihung Ihrer Sünden Ihres ganzen Lebens," sagte man mir, "sprechen Sie zu ihm, als ständen Sie im Begriff, vor ihm zu erscheinen."

Bei diesen Worten glaubte ich, sie hätten Rat gehalten und beschlossen, sich meiner zu entledigen. Ich hatte wohl gehört, daß das manchmal in gewissen Mönchsklöstern vorkäme, daß diese richteten, verurteilten und mit dem Tode bestraften; doch glaubte ich nicht, daß diese ungerechte Rechtsprechung jemals in einem Frauenkloster ausgeübt worden wäre. Bei diesem Gedanken des bevorstehenden Todes wollte ich aufschreien, doch mein Mund blieb offen stehen, und kein Ton kam heraus. Flehend streckte ich der Oberin die Arme entgegen, und mein zusammensinkender Körper neigte sich nach hinten über; ich fiel, doch mein Sturz war nicht hart. Ich verlor das Bewußtsein und das Gefühl und hörte nur unklare Stimmen um mich herumsurren; entweder sprachen sie wirklich, oder die Ohren klangen mir nur. Ich unterschied nichts als das Summen, welches immer noch andauerte. Ich weiß nicht, wie lange ich in diesem Zustande blieb; doch ich wurde von einer plötzlichen Frische demselben entrissen, die mir ein leichtes Jucken verursachte. Ich war von Wasser durchnäßt, das von meinen Kleidern zur Erde tropfte und aus dem großen Weihkessel stammte, den man mir über den Leib gegossen hatte; ich lag auf der Seite in dem Wasser ausgestreckt, den Kopf gegen die Mauer gelehnt, mit halb geöffnetem Munde und halb geschlossenen, toten Augen; ich suchte sie zu öffnen und um mich zu blicken, doch es war mir, als werde ich von einer dichten Luft eingehüllt, durch die ich flatternde Gewänder sah, an die ich mich anzuklammern suchte, ohne dazu imstande zu sein. Ich machte eine Bewegung, um den Arm zu erheben, auf dem ich nicht lag, doch er war mir zu schwer. Meine übergroße Schwäche wurde nach und nach geringer, ich erhob mich und lehnte den Rücken gegen die Wand, die beiden Hände hatte ich im Wasser, den Kopf auf die Brust gelehnt, und stieß klägliche, unartikulierte Klagelaute aus. Die Weiber sahen mich mit einer Miene an, die mir den Mut nahm, sie anzustehen, und die Oberin sagte:

"Man stelle sie auf die Füße!"

Man packte mich unter den Armen, und sie fuhr fort:

"Da sie sich nicht Gott befehlen will, um so schlimmer für sie! Ihr wißt, was Ihr zu thun habt, macht ein Ende."

Ich glaubte, die Stricke, die man hergebracht, waren dazu bestimmt, mich zu erdrosseln; ich betrachtete sie, und meine Augen füllten sich mit Thränen. Ich bat sie, mich das Kruzifix küssen zu lassen, doch man verweigerte es mir. Ich bat um die Erlaubnis, die Stricke zu küssen; man reichte sie mir hin. Ich beugte mich, ergriff den Rosenkranz der Oberin, küßte ihn und sagte:

"Mein Gott, habe Mitleid mit mir; mein Gott, habe Mitleid mit mir. Meine teuren Schwestern, laßt mich nicht allzulange leiden."

Mit diesen Worten hielt ich meinen Hals hin. Ich kann jetzt nicht sagen, was mit mir geschah, oder was man mir anthat, denn ich fand mich wieder auf der Strohmatte, die mir als Bett diente, die Arme auf den Rücken gebunden, und einen großen eisernen Christus auf den Knieen.

Indessen kehrte die Oberin mit ihren Gefährtinnen zurück; sie fanden mich in besserer Geistesverfassung, als sie erwartet hatten und als ihnen zweckmäßig erschien. Sie hoben mich auf, man legte mir den Schleier über das Gesicht; zwei nahmen mich unter die Arme, eine dritte stieß mich von hinten, und die Oberin befahl mir, vorwärts zu gehen. Ich ging, ohne zu sehen, wohin ich ging, doch ich glaubte man führe mich zur Richtstätte, und darum murmelte ich:

"Mein Gott, habe Mitleid mit mir; mein Gott, hilf mir; mein Gott, verlaß mich nicht; mein Gott, verzeihe mir, wenn ich dich beleidigt habe."

Ich kam nach der Kirche, wo der Großvikar die Messe celebriert hatte. Die Klostergemeinde war anwesend, und man führte mich vor die Stufen des Altars. Mit Mühe hielt ich mich aufrecht, und man stieß mich zur Erde, als hätte ich mich geweigert, niederzuknieen; dann hielt man mich fest, als hätte ich die Absicht gehabt, zu fliehen. Man sang das *"Veni creator"* und stellte das heilige Sakrament aus, dann erteilte man den Segen, bei dem man sich inbrünstig verneigt; diejenigen, die mich bei den Armen gepackt, beugten mich scheinbar mit Gewalt nieder, und die anderen drückten mit den Armen auf meine Schulter. Ich fühlte diese verschiedenen Bewegungen, doch es war mir unmöglich, den Zweck derselben einzusehen; endlich jedoch klärte sich alles auf.

Nach dem Segen legte der Großvikar das Meßgewand ab und behielt nur Chorhemd und Stola, dann schritt er nach den Stufen des Altars, wo ich auf den Knieen lag; er stand zwischen den beiden Geistlichen, den Rücken dem Altar zugewendet, auf dem das heilige Sakrament ausgestellt war, und mit dem Gesicht nach meiner Seite. Dann näherte er sich mir und sagte:

"Schwester Sainte-Susanne, erheben Sie sich!"

Die Schwestern, welche mich hielten, rissen mich heftig in die Höhe, andere umringten mich und faßten mich um die Taille, als hätten sie Furcht gehabt, ich könnte entfliehen. Dann fügte er hinzu: "Man binde sie los!" Man gehorchte ihm nicht, sondern that, als hielte man es für unpassend oder gar gefährlich, mich frei zu lassen, und so wiederholte er denn mit harter und fester Stimme: "Man binde sie los!" Diesmal gehorchte man.

Kaum hatte ich die Hände frei, als ich einen schmerzlichen und schneidenden Klageruf ausstieß, der ihn erbleichen ließ; und die heuchlerischen Nonnen, die sich mir genähert hatten, wichen wie entsetzt zur Seite. Er faßte sich, die Schwestern kamen, gleichsam zitternd, zurück; ich blieb unbeweglich, und er sprach zu mir:

"Was ist Ihnen denn?"

Ich antwortete ihm nur, indem ich ihm meine beiden Hände zeigte; der Strick, mit dem man sie gefesselt, war mir fast vollständig ins Fleisch gedrungen, und sie waren ganz violett vom Blut, das nicht mehr zirkulierte und aus den Gefäßen getreten war. Er erkannte, daß mein Klageruf von dem plötzlichen Schmerze herrührte, den mir das wieder seinen Lauf aufnehmende Blut verursachte. "Man nehme ihr den Schleier ab", fuhr er fort. Ohne daß ich es bemerkt hätte, hatte man denselben auf verschiedenen Stellen festgenäht; erst nach vielem Hin- und Herzerren gab der Faden an einigen Stellen nach, und mein Kleid und der Schleier zerrissen. Ich habe ein interessantes Gesicht, dessen Schönheit der tiefe Schmerz beeinträchtigt hatte, ohne ihm jedoch etwas von seinem Charakter zu nehmen. Ich habe eine rührende Stimme; man fühlt, daß mein Ausdruck der der Wahrheit ist. Diese Eigenschaften machten einen starken Eindruck des Mitleids auf die Gefährten des Archidiakon; was ihn selbst anbetraf, so kannte er diese Gefühle nicht; er war gerecht, aber wenig empfindlich, und gehörte zu denen, die unglücklich genug geboren sind, die Tugend auszuüben, ohne ihre Wonne zu empfinden. Er nahm den Ärmel seiner Stola, legte ihn mir auf den Kopf und sagte:

"Schwester Susanne, glauben Sie an Gott den Vater, den Sohn und den heiligen Geist?"

"Ja, ich glaube daran," versetzte ich.

"Glauben Sie an unsere Mutter, die heilige Kirche?"

"Ja, ich glaube daran!"

"Entsagen Sie Satan und seinen Werken?"

Anstatt zu antworten, machte ich eine plötzliche Bewegung nach vorn, stieß einen lauten Schrei aus, wobei das Ende seiner Stola von meinem Kopfe fiel. Er wurde verwirrt, seine Gefährten erblaßten; ein Teil der Schwestern entfloh, während die anderen, die in ihren Betstühlen saßen, dieselben mit größtem Lärm verließen. Er machte ein Zeichen, man möchte sich beruhigen, und sah mich indessen an, denn er erwartete etwas Außergewöhnliches. Ich beruhigte ihn, indem ich sagte: "Mein Herr, es ist nichts; eine der Nonnen hat mich heftig mit einem scharfen Gegenstand gestochen." Dabei erhob ich die Augen und Hände gen Himmel und fügte unter Thränen hinzu: "Man hat mich in dem Augenblick verletzt, da Sie mich fragten, ob ich Satan und seinen Werken entsage, und ich sehe jetzt, warum man es gethan."

Alle erklärten durch den Mund der Oberin, man hätte mich nicht angerührt. Der Archidiakon legte mir wieder den Ärmel seiner Stola auf den Kopf; die Nonnen wollten wieder näher treten, doch er gab ihnen ein Zeichen, sich zu entfernen; dann fragte er von neuem, ob ich Satan und seinen Werken entsage, und ich erwiederte mit fester Summe:

"Ja, ich entsage ihm."

Er ließ sich ein Kruzifix bringen und hielt es mir zum Kusse hin; ich küßte es auf die Füße, auf die Hände und auf die Seitenwunden. Er befahl mir, es mit lauter Stimme anzubeten; ich warf mich zur Erde und sprach:

"Mein Gott, mein Erlöser, der Du am Kreuze für meine Sünden und für alle Sünden des Menschengeschlechts gestorben bist, laß einen Tropfen des Blutes, das Du vergossen hast, auf mich fließen, auf daß ich geläutert werde. Verzeihe mir, mein Gott, wie ich allen meinen Feinden verzeihe."

"Sprechen Sie die Worte des Glaubens aus", sagte er zu mir, und ich that es. "Sprechen Sie die Worte der Liebe", und ich that es ebenfalls. "Sprechen Sie Worte des Mitleids", und auch das that ich. Ich erinnere mich nicht, in welchen Ausdrücken sie abgefaßt waren, doch ich glaube, sie sind sehr ergreifend gewesen, denn ich entlockte einigen Nonnen Schluchzen und Thränen, die beiden jungen Geistlichen weinten, und der Archidiakon fragte mich erstaunt, woher ich die Gebete hätte, die ich eben ausgesprochen."

"Aus dem tiefsten Grunde meines Herzens," erwiderte ich ihm; das sind meine Gedanken und Gefühle; ich rufe Gott zum Zeugen an, der uns überall hört und auf diesem Altar gegenwärtig ist. Wenn ich einige Fehler begangen habe, so kennt Gott sie allein, und nur er hat ein Recht, Rechenschaft von mir zu fordern und mich zu bestrafen."

Bei diesen Worten warf ich einen schrecklichen Blick auf die Oberin.

Der Rest dieser Ceremonie ging zu Ende, und die Nonnen zogen sich zurück bis auf die Oberin und die jungen Geistlichen. Der Archidiakon setzte sich, zog die Denkschrift, die man ihm gegen mich eingereicht, hervor, las sie mit lauter Stimme vor, und fragte mich dann:

"Warum beichten Sie nicht?"

"Weil man mich daran verhindert!"

"Warum gehen Sie nicht zum Abendmahl?"

"Weil man mich daran verhindert!"

"Weshalb wohnen Sie weder der Messe, noch den Gottesdiensten bei?"

"Weil man mich daran verhindert!"

Die Oberin wollte das Wort ergreifen, doch er sagte zu ihr in seinem schroffen Tone:

"Schweigen Sie, Madame .... Warum verlassen Sie nachts Ihre Zelle?"

"Weil man mich des Wassers, der Waschschüssel und anderer notwendigen Gegenstände beraubt hat."

"Warum hört man nachts in Ihrer Zelle Geräusch?"

"Weil man sich vorgenommen hat, mir die Ruhe zu rauben."

Die Oberin wollte wieder sprechen, doch er sagte ihr zum zweiten Male:

"Madame, ich habe Ihnen bereits einmal gesagt. Sie möchten schweigen; Sie werden antworten, wenn ich Sie frage ..."

"Wie kommt es, daß man Ihnen eine Nonne aus den Händen gerissen hat, die man in einem Korridor an der Erde liegend fand?"

"Das ist infolge des Entsetzens geschehen, das man ihr vor mir eingeflößt hat."

"Ist sie Ihre Freundin?"

"Nein, mein Herr."

"Haben Sie nie ihre Zelle betreten?"

"Niemals!"

"Weshalb hat man Sie gefesselt?"

"Das weiß ich nicht."

"Weshalb schließt Ihre Zelle nicht?"

"Weil ich das Schloß erbrochen habe."

"Weshalb haben Sie das gethan?"

"Um mir die Thür zu öffnen und am Himmelfahrtstage dem Gottesdienste beiwohnen zu können."

70

"Sie haben sich also an jenem Tage in der Kirche gezeigt?"

"Ja, mein Herr."

"Warum haben Sie weder Rosenkranz, noch Kruzifix?"

"Weil man sie mir genommen hat."

"Wo ist Ihr Gebetbuch?"

"Dies hat man mir ebenfalls genommen."

"Wie beten Sie denn?"

"Ich spreche mein Gebet nach meinem Herzen und meinem Geiste, obwohl man mir zu beten verboten hat."

"Wer hat Ihnen das verboten?"

"Madame!"

Die Oberin wollte wieder sprechen, doch er sagte zu ihr:

"Madame, ist es wahr oder unwahr, daß Sie ihr verboten haben, zu beten? Sagen Sie ja oder nein!"

"Ich glaubte, ich hätte recht, anzunehmen ..."

"Darum handelt es sich nicht; haben Sie ihr verboten, zu beten? Ja oder nein!"

"Ich habe es ihr verboten, aber ..."

Sie wollte noch weiter sprechen, doch der Archidiakon fuhr fort:

"Schwester Susanne, warum gehen Sie barfuß?"

"Weil man mir weder Schuhe noch Strümpfe liefert!"

"Warum sind Ihre Wäsche und Kleider in diesem Zustande der Unsauberkeit?"

"Weil man mir seit mehr als drei Monaten Wäsche verweigert und ich gezwungen bin, in meinen Kleidern zu schlafen ... weil ich weder Vorhänge, noch Matrazen, Decken, noch Tücher, noch Notwäsche besitze."

"Warum haben Sie nichts dergleichen?"

"Weil man mir alles genommen hat."

"Bekommen Sie hinreichende Nahrung?"

"Ich bitte darum, daß es geschehe."

"Sie werden also nicht genügend ernährt?"

Ich schwieg, und er fuhr fort:

"Es ist unglaublich, daß man so streng mit Ihnen verfahren ist, ohne daß Sie irgend einen Fehltritt begangen haben."

"Mein Fehltritt besteht darin, daß ich mich nicht zum religiösen Stande berufen fühle, und daß ich gegen die Gelübde protestiert habe, die ich nicht freiwillig abgelegt."

"Es ist Sache der Gesetze, über diese Angelegenheit zu entscheiden, und wie sie sich aussprechen mögen. Sie müssen doch noch weiter die Pflichten des religiösen Lebens erfüllen."

"Niemand, mein Herr, ist darin pünktlicher als ich."

"Haben Sie sich über jemand zu beklagen?"

"Nein, mein Herr, ich habe es Ihnen bereits gesagt, ich bin nicht hierhergekommen, um anzuklagen, sondern um mich zu verteidigen."

"Gehen Sie!"

"Mein Herr, wohin soll ich gehen?"

"In Ihre Zelle."

Ich that einige Schritte, dann kehrte ich um und warf mich zu den Füßen der Oberin und des Archidiakon nieder.

"Nun, was giebt's?" fragte er.

"Sehen Sie selbst," sagte ich zu ihm, indem ich auf meinen an mehreren Stellen verletzten Kopf, auf meine blutigen Füße, meine geschundenen Arme und meine schmutzige und zerrissene Kleidung deutete.

"Gehen Sie", sagte der Archidiakon zu mir.

Einer der Geistlichen gab mir die Hand, um mich aufzuheben, und der Archidiakon fuhr fort:

"Ich habe Sie verhört; jetzt werde ich Ihre Oberin verhören und werde diesen Ort nicht eher verlassen, als bis die Ordnung wieder hergestellt ist."

Ich zog mich zurück und fand das ganze Haus in Aufregung; alle Nonnen standen vor ihren Zellen; doch sobald ich erschien, verschwanden sie, und ich hörte ein langes Geräusch von sich schließenden Thüren, die heftig zugeworfen wurden. Ich kehrte in meine Zelle zurück, warf mich wieder auf die Kniee und bat Gott, mir die Mäßigung, mit der ich zu dem Archidiakon gesprochen, zu bewahren und ihm meine Unschuld und die Wahrheit kundzuthun. Ich betete, als der Archidiakon und die Oberin in meiner Zelle erschienen. Schnell erhob ich mich. Der Archidiakon blieb stehen, warf der Oberin entrüstete Blicke zu und sagte:

"Nun, Madame?"

"Das wußte ich nicht," versetzte sie.

"Sie wußten es nicht? Sie lügen! Sind Sie nicht jeden Tag hier eingetreten, und kamen Sie nicht erst vorhin von hier? ... Schwester Susanne sprechen Sie! Ist Madame heute bei Ihnen gewesen?"

Ich gab keine Antwort, und er bestand nicht weiter auf seiner Frage; doch die jungen Geistlichen zeigten die größte Überraschung. Alle gingen hinaus, und ich hörte, wie der Archidiakon auf dem Gange sagte:

"Sie sind unwürdig, Ihr Amt auszuüben und verdienten abgesetzt zu werden. Ich werde beim Erzbischof Klage führen; diese Unordnung muß aufhören, bevor ich dieses Haus verlasse."

Seit diesem Augenblicke hörte ich nichts weiter mehr, doch ich bekam Wäsche, andere Kleider, Betten, Tücher, Gefäße, ein Gebetbuch, einen Rosenkranz, ein Kruzifix, Fensterscheiben, mit einem Worte alles wieder, was mich in den gewöhnlichen Zustand der Nonnen zurückversetzte.

Was meine Angelegenheiten betraf, so stand es um dieselben nicht besonders günstig. Herr Manouri veröffentlichte eine erste Denkschrift, die wenig Aufsehen erregte, weil sie zu viel Geist, nicht genügend Pathos und fast gar keine Gründe enthielt. Doch man darf diesem geschickten Advokaten keinen Vorwurf machen, denn ich wollte um keinen Preis, daß er den Ruf meiner Eltern angriffe; ich wünschte, daß er den geistlichen Stand und namentlich das Haus, in dem ich mich befand, schone; ich wollte nicht, daß er meine Schwestern und meine Schwager in allzu verhaßten Farben schildere.

Herr Manouri veröffentlichte eine zweite Denkschrift, die eine größere Wirkung erzielte. Man nahm sich meiner lebhaft an. Noch einmal erbot ich mich, meinen Schwestern den vollständigen und ungeschmälerten Besitz der Hinterlassen'schaft meiner Eltern zu überlassen. Einen Augenblick nahm mein Prozeß die günstigste Wendung, und ich hoffte, frei zu werden, doch ich wurde nur um so grausamer enttäuscht; meine Angelegenheit wurde in öffentlicher Sitzung verhandelt und zu meinen Ungunsten entschieden. Die ganze Klostergemeinschaft war davon unterrichtet, nur ich wußte davon nichts. Das war eine Aufregung, ein Tumult, eine Freude; bei der Oberin ging es hin und her; kleine heimliche Unterredungen fanden statt, und die Nonnen liefen von einer Zelle in die andere. Ich zitterte am ganzen Leibe, konnte weder in meiner Zelle bleiben, noch sie verlassen; dazu hatte ich nicht eine Freundin, in deren Arme ich mich hätte werfen können. Ich wollte beten und war dazu nicht im stande; ich warf mich auf die Kniee, sammelte mich und begann ein Gebet; doch bald wurde mein Geist unwillkürlich unter meine Richter versetzt; ich sah sie vor mir, ich hörte die Advokaten, ich wandte mich an sie, unterbrach den meinigen und fand, daß meine Sache schlecht verteidigt wurde. Endlich machte der Lärm einem tiefen Schweigen Platz; die Nonnen sprachen nicht mehr zu einander, und es kam mir vor, als hätten sie im Chor hellere Stimmen als gewöhnlich. Als der Gottesdienst zu Ende war, zogen sie sich schweigend zurück, und ich redete mir ein, daß die Erwartung sie ebenso beunruhige, als mich; doch nachmittags begann der Lärm und die Bewegung plötzlich wieder auf allen Seiten; ich hörte, wie sich Thüren öffneten und schlossen, wie die Nonnen hin- und her eilten, auch vernahm ich das Murmeln leise sprechender Personen.

Ich legte das Ohr an mein Schlüsselloch, doch es war mir, als schwiege man und ginge auf den Fußspitzen, wenn man an meiner Thür vorüberkam. Ich ahnte, daß ich meinen Prozeß verloren hatte, und zweifelte keinen Augenblick daran. Ich begann, ohne zu sprechen, in meiner Zelle hin und her zu gehen; ich erstickte, konnte keine Klage herausbringen, und lehnte die Stirn bald gegen die eine Wand, bald gegen die andere; ich wollte mich auf meinem Bette ausruhen, doch ein starkes Herzklopfen hinderte mich daran. In diesem Zustand befand ich mich, als man mir sagte, es wünsche mich jemand zu sprechen. Ich ging hinunter, wagte aber nicht weiter zu gehen, denn diejenige, die mich benachrichtigte war so heiter, daß ich glaubte, die Nachricht, die man mir brachte, könnte nur sehr traurig sein; dennoch ging ich. Vor der Thür des Sprechzimmers angelangt, blieb ich stehen und verbarg mich in einem Winkel; ich vermochte nicht, mich aufrecht zu halten; dennoch trat ich nach einiger Zeit ein. Es war niemand da, und ich wartete; man hatte den, der mich rufen ließ, verhindert, vor mir zu erscheinen, man ahnte wohl, es wäre ein Bote meines Advokaten: man wollte wissen, was zwischen uns verhandelt würde, und war zusammengekommen, um zuzuhören. Als er sich zeigte, saß ich, den Kopf auf meinen Arm gestützt und mich an die Gitterstäbe lehnend.

"Ich komme im Auftrage des Herrn Manouri", sagte er zu mir.

"Er will mir gewiß mitteilen, daß ich meinen Prozeß verloren habe", versetzte ich.

"Madame, davon weiß ich nichts; er hat mir diesen Brief gegeben und sah sehr betrübt aus, als er mich damit beauftragte; ich bin in aller Eile hergesprengt, wie er es mir befohlen hat."

"Geben Sie!"

Er reichte mir den Brief; ich nahm ihn, ohne ihn anzusehen oder mich vom Flecke zu rühren. Ich legte ihn auf meine Kniee und blieb unbeweglich.

"Soll ich eine Antwort bestellen?" fragte der Bote.

"Nein", erwiderte ich ihm, "gehen Sie nur!"

Er ging, und ich behielt dieselbe Stellung bei, denn ich konnte mich nicht entschließen, das Zimmer zu verlassen.

Es ist im Kloster ohne Erlaubnis der Oberin weder gestattet, Briefe zu schreiben, noch solche zu empfangen; man übergibt ihr die, die man erhält, und auch die, die man schreibt. Ich mußte ihr also den meinigen bringen. Zu diesem Zweck machte ich mich aus den Weg, doch ich glaubte, ich würde nie ans Ziel gelangen. Endlich stand ich vor der Thür, ich klopfte, und man öffnete. Die Oberin hatte Besuch, es waren einige Nonnen bei ihr. Mit zitternder Hand gab ich ihr den Brief; sie las ihn und gab ihn mir zurück. Ich ging wieder in meine Zelle, warf mich auf mein Bett, meinen Brief neben mir, und blieb dort liegen, ohne ihn zu lesen, ohne mich zum Essen zu begeben, ohne bis zum Nachmittag-Gottesdienste auch nur die geringste Bewegung zu machen. Um 3 1/2 Uhr rief mich die Glocke, und ich ging hinunter. Es waren bereits einige Nonnen angelangt; die Oberin stand am Eingange des Chores, sie hielt mich an und befahl mir, mich draußen auf die Kniee zu werfen, während die übrige Klostergemeinde eintrat, und die Thür sich schloß. Nach dem Gottesdienst kamen sie alle heraus; ich ließ sie vorübergehen und erhob mich, um ihnen als letzte zu folgen. Von diesem Augenblick an begann ich, mich selbst zu allem zu verurteilen, was man von mir verlangte; man hatte mir den Besuch der Kirche untersagt, und so untersagte ich mir selbst das Refektorium und die Erholung. Ich erhielt einige Besuche, doch man gestattete mir nur, den des Herrn Manouri anzunehmen. Als ich in das Sprechzimmer trat, erkannte ich ihn sofort, sagte aber kein Wort zu ihm, und auch er wagte mich weder anzusehen, noch mit mir zu reden.

"Madame", sagte er nach einer Pause, "ich habe Ihnen geschrieben; Sie haben meinen Brief gelesen?"

"Ich habe ihn erhalten, doch gelesen habe ich ihn nicht."

"Sie wissen also nicht?"

"Doch, mein Herr, ich habe mein Schicksal erraten und mich in dasselbe gefügt."

"Wie behandelt man Sie jetzt?"

"Noch denkt man nicht an mich; doch die Vergangenheit sagt mir, was die Zukunft mir bieten wird .... Ich habe nur einen Trost; ich werde bald sterben."

"Madame", sagte er weinend zu mir, "wären Sie meine eigene Schwester gewesen, ich hätte nicht mehr thun können."

Ich schwieg.

"Madame", fuhr er fort, "wenn ich Ihnen in irgend einer Weise nützlich sein kann, verfügen Sie über mich. Ich werde den ersten Präsidenten aufsuchen, ich werde von ihm geschätzt; auch werde ich mit den Großvikaren und dem Erzbischof sprechen."

"Mein Herr, suchen Sie meinetwegen niemand auf; es ist alles vorbei."

"Doch wenn man Sie in ein anderes Haus bringen könnte?"

"Das ist mit zu viel Hindernissen verknüpft."

"Aber, Madame, Sie haben viele ehrenwerte Leute interessiert, die meisten sind reich; man wird Sie hier nicht zurückhalten, wenn Sie das Haus verlassen, ohne etwas mitzunehmen."

"Das glaube ich wohl."

"Eine Nonne, welche ihr Kloster verläßt oder stirbt, vermehrt den Reichtum der Zurückbleibenden."

"Doch diese ehrenwerten und reichen Leute denken nicht mehr an mich; Sie werden sie kälter finden, wenn es sich darum handelt, mich auf ihre Kosten auszustatten."

"Madame, betrauen Sie mich nur mit dieser Angelegenheit, ich werde darin mehr Glück haben."

"Ich verlange nichts mehr, ich hoffe nichts mehr und widersetze mich auch in keiner Weise, denn mein Los ist zu entsetzlich. Oh wie furchtbar ist es doch, auf ewig Nonne zu sein und doch zu fühlen, daß man stets nur eine schlechte Nonne sein wird, sein ganzes Leben damit zuzubringen, mit seinem Kopf an Gitterstäbe anzurennen ..."

Bei dieser Stelle der Unterredung begann ich in lautes Geschrei auszubrechen, das ich ersticken wollte, doch war ich dazu nicht imstande. Überrascht über diese Aufregung sagte Herr Manouri zu mir:

"Madame, darf ich es wagen, eine Frage an Sie zu stellen?"

"Fragen sie, mein Herr!"

"Sollte ein so heftiger Schmerz nicht einen geheimen Grund haben?"

"Nein, mein Herr; ich hasse das einsame Leben, ich fühle, daß ich es hasse und stets hassen werde. Wohl hundertmal habe ich den Versuch gemacht, mich zu zwingen, ich vermag es nicht. Ich thue alles schlecht, ich spreche alles verkehrt, der Mangel an innerem Beruf tritt in allen meinen Handlungen zu Tage."

"Madame, Sie müssen in ein anderes Haus; und ich werde dafür sorgen. Ich werde Sie wieder aufsuchen und hoffe, daß man Sie nicht vor mir verstecken wird; Sie werden stets von mir hören. Seien Sie überzeugt, daß es mir gelingen wird, Sie von hier fortzubringen, wenn Sie nur einwilligen.... Wenn man zu streng gegen Sie verfahren sollte, so lassen Sie es mich sofort wissen."

Es war spät, als Herr Manouri Abschied nahm. Ich kehrte in meine Zelle zurück; bald läutete es zum Abendgottesdienst. Ich kam als eine der ersten, ließ die Nonnen vorübergehen und ließ es mir gesagt sein, daß ich vor der Thür bleiben müßte, und in der That schloß die Oberin die Thür hinter mir. Beim Abendessen gab sie mir ein Zeichen, mich an die Erde mitten im Refektorium niederzusetzen; ich gehorchte, und man gab mir nur Wasser und Brot; ich aß davon ein wenig und vergoß dazu bittere Thränen. Am nächsten Tage hielt man Rat; die ganze Klostergemeinschaft wurde herbeigerufen, und man verurteilte mich, einen Monat lang die Messe an der Chorthür anzuhören, mitten im Refektorium an der Erde zu essen, mein Gelübde und meine Einkleidung zu erneuern, drei Tage hintereinander Kirchenbuße zu thun, mich zu geißeln, von zwei Tagen einen zu fasten und mich alle Freitag abend nach dem Gottesdienst zu kasteien. Ich lag auf den Knieen, mit herabgelassenem Schleier, während man mir dieses Urteil verkündete.

Schon am nächsten Tage kam die Oberin in meine Zelle, mit einer Nonne, welche auf den Armen ein Büßerhemd und jenes grobe Kleid trug, das man mir angelegt hatte, als man mich in den Kerker warf. Ich entkleidete mich, oder vielmehr man riß mir meinen Schleier und mein Gewand ab und legte mir dieses Kleid an. Mein Kopf war unbedeckt, meine Füße nackt, und mein langes Haar fiel auf meine Schultern herab. Meine ganze Kleidung bestand aus diesem Büßergewand und einem sehr harten Hemde, das mir bis auf die Knöchel reichte. Diese Kleidung behielt ich den ganzen Tag und erschien so bei allen Religionsübungen.

Abends, als ich mich in meine Zelle zurückgezogen hatte, hörte ich, daß man sich derselben näherte und Litaneiensang; das ganze Haus hatte sich in zwei Reihen ausgestellt. Man trat ein, ich ging auf die Nonnen zu, und man legte mir einen Strick um den Hals; dann gab man mir eine angezündete Fackel in die eine Hand und eine Geißel in die andere.

Eine Nonne nahm den Strick bei einem Ende, zerrte mich zwischen die beiden Reihen, und die Prozession nahm ihren Weg nach einem kleinen, der heiligen Maria geweihten Oratorium. Als ich in dieser kleinen Kapelle, die von zwei Kerzen erleuchtet wurde, angelangt war, befahl man mir, Gott um Verzeihung zu bitten; die Nonne, welche mich führte, sagte mir alles leise vor, was ich wiederholen mußte, und ich sprach es ihr Wort für Wort nach. Dann nahm man mir den Strick ab, entkleidete mich bis zum Gürtel, ergriff meine Haare, die um meine Schultern flatterten, warf sie über eine Seite des Halses, gab mir die Geißel, die ich in der linken Hand trug, in die rechte und begann das Miserere. Ich begriff, was man von mir erwartete, und peitschte mich. Als das Miserere zu Ende war, hielt die Oberin eine kurze Ermahnung an mich, löschte die Lichter aus, die Nonnen zogen sich zurück, und ich kleidete mich wieder an.

Als ich in meine Zelle zurückgekehrt war, fühlte ich heftige Schmerzen an den Füßen; ich sah nach, sie waren vollständig mit Blut bedeckt, und zwar durch Einschnitte von Glasscherben, die man mir boshafterweise auf den Weg gestreut hatte.

In derselben Weise that ich an den beiden folgenden Tagen Kirchenbuße; nur am letzten fügte man zu dem Miserere noch einen Psalm hinzu.

Am vierten Tage gab man mir das Nonnengewand zurück, und am fünften erneuerte ich mein Gelübde. Ich erfüllte einen Monat hindurch den Rest der Buße und trat darauf wieder so ziemlich in die gemeinsame Ordnung des Klosters ein. Doch wie groß war meine Überraschung, als ich die Augen auf die junge Freundin richtete, die sich so lebhaft für mein Schicksal interessiert hatte; sie war von einer schrecklichen Magerkeit; auf ihrem Gesichte lagerte die Blässe des Todes; die Lippen waren weiß und die Augen fast erloschen.

"Schwester Ursula", sagte ich zu ihr, ganz leise, "was ist Ihnen?"

"Was mir ist?" antwortete sie mir, "ich liebe Sie, und Sie fragen mich? Es war die höchste Zeit, daß Ihre Marter zu Ende ging, ich wäre sonst gestorben."

Es war undenkbar, daß meine Gesundheit so langen und harten Prüfungen hätte widerstehen sollen; ich wurde krank. In dieser Notlage zeigte Schwester Ursula die ganze Freundschaft, die sie für mich hegte; ich verdanke ihr das Leben. Sie hatte um die Erlaubnis gebeten, bei mir wachen zu dürfen, doch die Oberin hatte es ihr abgeschlagen unter dem Vorwande, sie wäre zu schwächlich, um sich einer solchen Anstrengung zu unterziehen, was sie mit aufrichtigem Kummer erfüllte. Doch alle ihre Bemühungen verhinderten nicht die Fortschritte des Leidens; es stand sehr schlimm mit mir, und ich erhielt die Sterbesakramente. Einige Augenblicke vorher verlangte ich die gesamte Klostergemeinde zu sehen, was mir auch gewährt wurde. Die Nonnen umstanden mein Bett, die Oberin unter ihnen; meine junge Freundin saß am Kopfende meines Bettes und hielt eine meiner Hände, die sie mit ihren Thränen benetzte. Man merkte, daß ich etwas zu sagen hatte, hob mich in die Höhe und erhielt mich mit Hilfe zweier Kopfkissen in sitzender Stellung. Nun wandte ich mich an die Oberin und bat sie, mir ihren Segen und die Vergebung für alle Sünden, die ich begangen, zuteil werden zu lassen, auch bat ich alle meine Gefährtinnen wegen des Ärgernisses, das ich ihnen gegeben, um Verzeihung. Ich ließ eine größere Anzahl von Kleinigkeiten, die zur Ausschmückung meiner Zelle dienten, oder zum besonderen Gebrauch bestimmt waren, an mein Bett bringen und bat die Oberin um die Erlaubnis, darüber verfügen zu dürfen. Sie willigte ein, und ich schenkte sie denen, die ihr als Trabanten gedient hatten, als man mich in den Kerker geworfen hatte. Ich ließ die Nonne, die mich am Tage meiner Kirchenbuße am Stricke geführt hatte, näher treten und sagte, während ich sie umarmte und ihr meinen Rosenkranz und mein Christusbild reichte:

"Teure Schwester, gedenken Sie meiner in Ihren Gebeten, und seien Sie überzeugt, daß auch ich Sie nicht vergessen werde, wenn ich vor Gott stehe."

Nachdem ich die letzte Ölung erhalten, verfiel ich in eine Art Starrkrampf, und man gab mich die ganze Nacht über verloren. Von Zeit zu Zeit betastete man meinen Puls, ich fühlte, wie Hände über mein Gesicht strichen und hörte verschiedene Stimmen, die wie in weiter Ferne sprachen: "Es steigt immer höher... ihre Nase ist schon kalt... sie wird den morgigen Tag nicht überleben... Sie werden den Rosenkranz und das Christusbild behalten... während eine andere, ärgerliche Stimme sagte: "Entfernt Euch, entfernt Euch, laßt sie in Frieden sterben; habt Ihr sie noch nicht genug gequält?..."

Es war ein sehr schöner Augenblick für mich, als ich aus dieser Krisis erwachte, die Augen aufschlug und mich in den Armen meiner Freundin wiederfand. Sie hatte mich keine Sekunde verlassen, sondern die Nacht damit zugebracht, mir beizustehen, die Totengebete zu wiederholen, mich das Christusbild küssen zu lassen und es an meine Lippen zu drücken. Sie glaubte, als sie mich die Augen aufschlagen und einen tiefen Seufzer ausstoßen sah, es wäre der letzte; und nun fing sie an, ein lautes Geschrei zu erheben, nannte mich ihre Freundin und sagte:

Mein Gott, habe Mitleid mit ihr und mir; mein Gott empfange ihre Seele. Teure Freundin, wenn Sie vor Gott stehen werden, erinnern Sie sich der Schwester Ursula!"

Ich betrachtete sie mit traurigem Lächeln, vergoß eine Thräne und drückte ihr die Hand.

In diesem Augenblick erschien der Arzt des Hauses, Herr Bouvard; er war ein geschickter Mann, wie man mir gesagt hatte, doch despotisch, stolz und hart. Heftig schob er meine Freundin zur Seite und befühlte meinen Puls und die Haut. Er war von der Oberin und ihren Favoritinnen begleitet und stellte über das Vorangegangene einige Fragen an sie, dann erklärte er: "Sie wird davonkommen." Bei diesen Worten sah er die Oberin an, der dieses Wort nicht gefiel, und wiederholte:

"Ja, Madame, sie wird davonkommen; die Haut ist gesund, das Fieber ist gesunken, und das Leben beginnt aus ihren Augen hervorzubrechen." Bei jedem dieser Worte zeigte sich eine innige Freude auf dem Gesicht meiner Freundin, während sich auf dem der Oberin und ihrer Gefährtinnen ein gewisser Kummer abzeichnete, den der Zwang nur schlecht verbarg.

"Mein Herr", sagte ich zu ihm, "ich will nicht weiter leben."

"Um so schlimmer", versetzte er, verordnete etwas und verließ das Zimmer.

Die Voraussage des Herrn Bouvard bewahrheitete sich, das Fieber schwand, und reichlicher Schweiß vertrieb es vollends, so daß man an meiner Genesung nicht mehr zweifelte; und in der That genas ich, doch es dauerte lange, bis ich vollends hergestellt war. Die Schwester Ursula hatte mich während dieser Zeit fast nicht verlassen, und als ich wieder anfing, zu Kräften zu kommen, verloren sich die ihrigen; sie bekam nachmittags Ohnmachtsanfälle, die manchmal eine Viertelstunde dauerten; in diesem Zustände war sie gleichsam tot, ihre Sehkraft erlosch, ein kalter Schweiß bedeckte ihre Stirn und floß in dicken Tropfen an ihren Wangen hernieder, während die Arme schlaff an ihren Seiten herabfielen. Man schaffte ihr nur ein wenig Erleichterung, wenn man ihr die Kleider lockerte. Wenn sie aus dieser Ohnmacht erwachte, war ihr erster Gedanke, mich an ihrer Seite zu sehen, und stets fand sie mich dort; manchmal umschlang sie mich mit ihren Armen, ohne ihre Augen zu öffnen. Diese Bewegung war so unzweideutig, daß mehrere Nonnen, die diese tastende Hand berührt hatten, in der Erkenntnis, daß diese Bewegung nicht für sie bestimmt war, zu mir sagten:

"Schwester Susanne, sie sucht Sie, kommen Sie doch näher."

Ich warf mich zu ihren Füßen nieder, legte ihre Hand auf meine Stirn, und sie blieb dort bis zum Ende der Ohnmacht liegen; wenn sie vorüber war, sagte sie zu mir:

"Nun Schwester Susanne, jetzt werde ich scheiden, und Sie werden bleiben. Ich werde unsere gute Oberin zuerst wiedersehen, werde mit ihr von Ihnen sprechen, und sie wird mich ohne Thränen anhören. Ach, teure Freundin, wie ich Sie beklage; ich scheide, ich fühle es, ich scheide; wie ungern würde ich sterben, wenn ich Sie glücklich wüßte."

Ihr Zustand flößte mir Besorgnis ein, und ich sprach mit der Oberin darüber. Ich wünschte, man solle sie in den Krankensaal bringen, sie von den Religionsübungen dispensieren, sowie von den anderen schwierigen Übungen des Hauses, auch solle man einen Arzt rufen lassen; doch man erwiderte mir stets, die Krankheit hätte nichts zu bedeuten, die Ohnmachtsanfälle würden von selbst vergehen, und die Schwester verlange nichts besseres, als ihre religiösen Pflichten zu erfüllen und das gemeinsame Leben fortzusetzen. Eines Tages ließ sie sich nach der Frühmesse, der sie beigewohnt, nicht mehr sehen. Ich dachte mir, daß es sehr schlimm mit ihr stände, und als der Morgengottesdienst beendet war, eilte ich zu ihr und fand sie vollständig angekleidet auf ihrem Bett liegen.

"Sind Sie da, teure Freundin?" sagte sie zu mir, "ich ahnte, Sie würden bald kommen, und ich habe auf Sie gewartet; hören Sie mich an. Meine Ohnmacht ist so stark und so lange gewesen, daß ich glaubte, dabei bleiben zu müssen, und Sie nicht mehr wiederzusehen glaubte. Hier ist der Schlüssel meines Betpultes, öffnen Sie den Schrank, nehmen Sie ein kleines Brett fort, das die Schublade unten in zwei Teile trennt, und Sie werden hinter diesem Brett ein Päckchen Papiere finden. Ich habe mich nie entschließen können, mich von denselben zu trennen, so groß auch die Gefahr war, der ich mich aussetzte, wenn ich sie behielt, und mit welchem Schmerze ich sie auch stets wieder las; leider sind sie von meinen Thränen fast verwischt; wenn ich nicht mehr sein werde, werden Sie sie verbrennen."

Sie war so schwach und fühlte sich so beklommen, daß sie kaum zwei Worte hintereinander sprechen konnte; fast bei jeder Silbe hielt sie inne, und dann sprach sie so leise, daß ich kaum hören konnte, obwohl mein Ohr fast auf ihrem Munde lag. Ich nahm den Schlüssel, deutete mit dem Finger auf den Schrank, und sie gab mir mit dem Kopfe ihre Zustimmung zu erkennen; da fing ich denn an zu weinen und so laut ich konnte zu jammern. Ich küßte ihr die Augen, die Stirn, das Gesicht und die Hände; ich bat sie um Verzeihung, doch sie hörte mich nicht, sondern legte eine ihrer Hände auf mein Gesicht und streichelte mich. Ich glaube, sie sah mich nicht mehr, vielleicht glaubte sie auch, ich wäre hinausgegangen, denn sie rief:

"Schwester Susanne!"

"Da bin ich", erwiderte ich.

"Wieviel Uhr ist es?"

"Es ist halb zwölf Uhr."

"Halb zwölf? Gehen Sie zum Essen, und kommen Sie dann sogleich wieder."

Als es zum Essen läutete, mußte ich sie verlassen. Als ich an der Thür stand, rief sie mich zurück; ich kehrte um, und sie machte eine Anstrengung, um mir ihre Wangen hinzuhalten, dann ergriff sie meine Hand und drückte dieselbe krampfhaft. Ich hatte die Empfindung, als wolle und könne sie mich nicht verlassen.

"Es muß sein", sagte sie, mich freilassend, "Gott will es. Gehen Sie, Schwester Susanne, leben Sie wohl, geben Sie mir mein Kruzifix."

Ich gab es ihr in die Hände und verließ das Zimmer. Man war im Begriff, sich von der Tafel zu erheben, und ich wandte mich an die Oberin; ich sprach zu ihr in Anwesenheit aller Nonnen von der Gefahr, in welcher Schwester Ursula schwebte und bestand darauf, sie solle sich selbst davon überführen.

"Nun gut", sagte sie, "wir müssen nach ihr sehen." Sie begab sich in Begleitung einiger anderer Nonnen in die Zelle meiner Freundin, und ich folgte ihnen. Doch als sie eintraten, war die arme Schwester nicht mehr am Leben; sie lag vollständig angekleidet, den Kopf über das Kopfkissen geneigt, mit halbgeöffnetem Munde und geschlossenen Augen, das Kruzifix in den Händen haltend auf ihrem Bette. Die Oberin sah sie ziemlich kühl an und sagte:

"Sie ist tot. Wer hätte geglaubt, daß ihr Ende so nahe bevorstände? Sie war ein vortreffliches Mädchen. Man läute die Totenmesse für sie und begrabe sie!"

So stand ich denn allein in diesem Hause und allein in der Welt, denn ich kannte kein Wesen, das sich für mich interessierte. Von dem Advokaten Manouri hatte ich nichts mehr gehört; ich vermutete, daß er entweder von den Schwierigkeiten abgeschreckt worden war, oder daß er von Vergnügungen oder seinen Beschäftigungen abgelenkt, die Dienste längst vergessen hatte, die er mir bereits erwiesen hatte. Übrigens zürnte ich ihm deswegen nicht und hatte mich bereits in das Unvermeidliche gefügt, als unsere geistlichen Vorgesetzten einen Besuch im Kloster machten. Ich sah den ehrenwerten, aber schroffen Herrn Hebert und seine beiden mitleidigen Gefährten wieder; er erinnerte sich anscheinend des beklagenswerten Zustandes, in welchem ich einst vor ihm erschienen war; ihre Augen wurden feucht, und ich bemerkte auf ihrem Gesicht Rührung und Freude. Herr Herbert setzte sich und gab mir ein Zeichen, ich solle ihm gegenüber Platz nehmen; seine beiden Gefährten standen hinter seinem Stuhl, und ihre Blicke richteten sich auf mich, während Herr Hebert zu mir sagte:

"Nun, Susanne, wie verfährt man jetzt mit Ihnen?"

"Mein Herr, man vergißt mich", erwiderte ich ihm.

"Um so besser!"

"Das ist auch alles, was ich wünsche; doch ich hätte Ihnen eine wichtige Bitte vorzutragen, nämlich die Mutter Oberin hierher zu rufen."

"Weshalb?"

"Nun, wenn man Ihnen irgend eine Klage über sie vortragen würde, so würde sie mich sofort beschuldigen, ich wäre die Urheberin derselben."

"Ich verstehe; doch sagen Sie mir immerhin, was Sie von ihr wissen."

"Mein Herr, ich bitte Sie, sie rufen zu lassen, damit sie selbst Ihre Fragen und meine Antworten hört."

"Sprechen Sie immerhin."

"Mein Herr, Sie werden mich zu Grunde richten."

"Fürchten Sie nichts, von heute ab stehen Sie nicht mehr unter ihrer Gewalt; vor Ende der Woche werden Sie nach Saint Eutrope, in die Nähe von Arpajon, überführt werden; Sie haben einen guten Freund."

"Einen guten Freund, mein Herr? Ich wüßte keinen."

"Es ist Ihr Advokat."

"Herr Manouri?"

"Ja."

"Ich glaubte nicht, daß er sich meiner noch erinnere."

"Er hat Ihre Schwester aufgesucht, hat den Erzbischof, den ersten Präsidenten und alle durch ihre Wohlthätigkeit bekannten Personen gesprochen; auch hat er Ihnen in dem Hause, das ich Ihnen genannt, eine Ausstattung verschafft, und Sie brauchen hier nur noch kurze Zeit zu verweilen. Wenn Sie daher irgend eine Unzuträglichkeit wissen, so können Sie mich davon unterrichten, ohne daß Sie etwas zu befürchten brauchen; ja, ich befehle es Ihnen sogar, bei dem heiligen Gehorsam,"

"Ich weiß nichts."

"Wie, man hat seit dem Verluste Ihres Prozesses keinerlei schlimme Maßregeln gegen Sie angewendet?"

"Man hat mit Recht geglaubt, daß ich einen Fehler begangen habe und hat mich deshalb veranlaßt, Gott um Verzeihung zu bitten."

"Ja, aber eben die näheren Umstände dieses Vorfalles möchte ich wissen."

Während er diese Worte sprach, schüttelte er das Haupt und zog die Stirn zusammen; ich erkannte, daß es nur an mir lag, der Oberin einen Teil der Geißelhiebe zurückzugeben, die sie mir hatte zu teil werden lassen; doch das war nicht meine Absicht. Der Archidiakon sah wohl ein, daß er nichts von mir erfahren würde, und verließ mich, indem er mir noch anbefahl, hinsichtlich meiner Überführung nach Saint Eutrope Stillschweigen zu bewahren.

Als Herr Herbert über den Klostergang wandelte, wandten sich seine Gefährten um und grüßten mich mit liebevoller und sanfter Miene. Ich glaubte ihn damit beschäftigt, eine andere Nonne auszufragen oder zu tadeln, als er wieder in meine Zelle trat und zu mir sagte:

"Woher kennen Sie Herrn Manouri?"

"Durch meinen Prozeß."

"Wer hat Sie zu ihm geführt?"

"Die Frau Präsidentin."

"Sie haben also im Laufe Ihrer Angelegenheit häufig mit ihm konferiert?"

"Nein, mein Herr, ich habe ihn sehr selten gesehen."

"Wie haben Sie ihn also unterrichtet?"

"Durch einige Denkschriften."

"Haben Sie Kopieen davon?"

"Nein, mein Herr."

"Wer übergab ihm diese Denkschriften?"

"Die Frau Präsidentin."

"Und woher kannten Sie dieselbe?"

"Ich kannte sie durch die Schwester Ursula, meine Freundin, und ihre Verwandte."

"Sie haben Herrn Manouri seit dem Verlust Ihres Prozesses nicht mehr gesehen?"

"Ein einziges Mal."

"Das ist sehr wenig; und er hat Ihnen nicht geschrieben?"

"Nein, mein Herr."

"Er hat Ihnen doch jedenfalls mitgeteilt, was er für Sie gethan? Ich verbiete Ihnen, mit ihm im Sprechzimmer zu reden, und wenn er Ihnen schreibt, so werden Sie mir seinen Brief uneröffnet zuschicken, hören Sie wohl, uneröffnet!"

"Ja, mein Herr, ich werde gehorchen!"

Herr Manouri kam noch an demselben Abend nach Longchamp; doch ich hielt dem Archidiakon Wort und weigerte mich, ihn zu empfangen. Am nächsten Tage schickte er mir durch seinen Boten einen Brief, und ich schickte denselben uneröffnet an Herrn Hebert. Es war Dienstag, so weit ich mich erinnere. Ich erwartete noch immer mit Ungeduld die Wirkung des Versprechens des Diakons und der Bemühungen des Herrn Manouri; doch der Mittwoch, der Donnerstag und der Freitag verging, ohne daß ich etwas erfuhr. Erst am Sonnabend gegen 9 Uhr machte sich ein starker Lärm im Hause bemerkbar. Man eilte hin und her und sprach leise miteinander, die Thüren der Schlafsäle wurden geöffnet und geschlossen, alles Zeichen einer Klosterrevolution. Ich war allein in meiner Zelle, und das Herz schlug mir zum Zerspringen. Ich horchte an der Thür und blickte aus dem Fenster, in höchster Erregung ging ich hin und her und sagte, zitternd vor Freude, zu mir selber:

"Man ist gekommen, um mich abzuholen; in kurzer Zeit werde ich nicht mehr hier sein ...." und ich täuschte mich nicht.

Zwei unbekannte Gestalten traten vor mich hin, eine Nonne und eine Pförtnerin von Arpajon, die mich in kurzen Worten von dem Zweck ihres Besuchs unterrichteten. Ich ergriff heftig die mir gehörigen Kleinigkeiten und warf sie bunt durcheinander in die Schürze der Pförtnerin, die daraus Pakete machte. Die Oberin zu sehen begehrte ich nicht, die Schwester Ursula war nicht mehr am Leben, und so ging ich denn hinunter; man öffnete mir die Pforte, nachdem man das, was ich mitnahm, sorgfältig untersucht hatte. Ich steige in eine Kutsche und fahre davon.

Der Archidiakon und seine beiden jungen Geistlichen, die Frau Präsidentin von ... und Herr Manouri hatten sich bei der Oberin versammelt, wo man sie von meiner Abfahrt in Kenntnis setzte. Unterwegs erzählte mir die Nonne von dem neuen Hause, und die Pförtnerin fügte bei jedem Satze als Refrain hinzu: "Das ist die reine Wahrheit."

Das Kloster von Arpajon ist ein viereckiges Gebäude, dessen eine Seite auf die Landstraße hinausgeht, während es mit der andern Seite nach dem Felde und den Gärten zu gerichtet ist. An jedem Fenster des ersten Stockes standen ein, zwei oder gar drei Nonnen, und augenscheinlich kannte man schon den Wagen, in dem wir saßen, denn im Nu verschwanden alle diese verschleierten Gesichter, und kurz darauf stand ich vor der Pforte meines neuen Gefängnisses. Die Oberin kam mir mit offenen Armen entgegen, umarmte mich, ergriff mich bei der Hand und führte mich in den Saal der Klostergemeinde, wo einige Nonnen ihr vorangeeilt waren, während andere erst eintraten. Diese Oberin ist eine kleine, rundliche Frau, dabei aber rasch und lebhaft in ihren Bewegungen; ihr Kopf sitzt nie ruhig auf ihren Schultern, und stets klappert etwas in ihrer Kleidung, ihr Gesicht ist eher schön als häßlich; ihre Augen, von denen eins, das rechte, höher und größer als das andere ist, sind voller Feuer, aber zerstreut; wenn sie geht, so wirft sie die Arme nach vorn und nach hinten. Wenn sie sitzt, so bewegt sie sich auf dem Stuhle hin und her, als ob sie irgend etwas belästige, auch schlägt sie häufig die Beine übereinander. Bald ist sie vertraulich bis zum Duzen, bald wieder herrisch bis zur Verachtung. Die Augenblicke, in denen sie ihre Würde bewahrt, sind kurz; sie sind abwechselnd mitleidig und hart, ihr verzerrtes Gesicht verrät die Zerfahrenheit ihres Geistes und die Ungleichheit ihres Charakters. Auch im Hause folgten Ordnung und Unordnung aufeinander; es gab Tage, wo alles drunter und drüber ging; die Kostgängerinnen saßen mit den Novizen zusammen. Die Novizen mit den Nonnen; in den Zimmern ging es unruhig hin und her, und man trank dort zusammen Thee, Kaffee, Schokolade und Liköre, auch wurde der Gottesdienst in der unpassendsten Eile abgethan; doch mitten in diesem Wirrwarr verändert sich das Gesicht der Oberin plötzlich, die Glocke ertönt, man zieht sich zurück, schließt sich ein, und das tiefste Schweigen folgt auf den Lärm und Tumult, und man möchte glauben, es sei plötzlich alles gestorben. Wenn es dann eine Nonne nur mit der geringsten Kleinigkeit versieht, so läßt sie sie in ihre Zelle kommen, behandelt sie mit Härte, befiehlt ihr, sich auszukleiden und sich zwanzig Geißelhiebe zu geben; doch hat sie sich einige Schläge versetzt, so wird die Oberin plötzlich wieder mitleidig, entreißt ihr das Geißelinstrument, fängt an zu weinen, sagt, sie wäre sehr unglücklich, daß sie strafen müsse, küßt ihr die Stirn, die Augen, den Mund, die Schultern, streichelt sie, lobt sie und sagt: "Nein, was für eine weiche und sanfte Haut sie hat, welch schöne Körperfülle, der schöne Hals, der prächtige Nacken u. s. w. u. s. w.", dann küßt sie sie wieder, hebt sie auf, kleidet sie selbst an, sagt ihr die liebenswürdigsten Dinge, dispensiert sie von den Religionsübungen und schickt sie in ihre Zelle zurück. Zweimal im Jahre lief sie von Zelle zu Zelle und ließ alle Likörflaschen, die sie dort vorfand, aus dem Fenster werfen, doch vier Tage darauf schickte sie sie den meisten ihrer Nonnen zurück. Das war die Frau, der ich das feierliche Gelübde des Gehorsams abgelegt hatte.

Ich trat mit ihr ein; sie führte mich, indem sie ihren Arm um die Mitte meines Körpers schlang. Man tischte mir einen Imbiß von Marzipan, Früchten und Konfitüren auf. Der ernste Diakon begann mein Lob zu singen, doch sie unterbrach ihn und sagte:

"Ich weiß, ich weiß; man hat unrecht gehabt." Der Archidiakon wollte fortfahren, doch die Oberin unterbrach ihn wieder:

"Wie haben sie sie nur so schlecht behandeln können, sie ist ja die Bescheidenheit selbst, und soll auch äußerst talentvoll sein." Der ernste Archidiakon wollte seine letzten Worte wieder aufnehmen, doch die Oberin unterbrach ihnwieder, indem sie mir leise ins Ohr flüsterte: "Ich liebe Sie bis zum Wahnsinn, und wenn diese Pedanten fort sind, werde ich unsere Schwestern kommen lassen und Sie werden uns ein kleines Liedchen singen, nicht wahr?" Ich hätte beinahe laut aufgelacht. Der ernste Herr Hebert war ein wenig verdutzt; seine beiden jungen Gefährten lächelten über seine Verlegenheit und die meine. Indessen faßte sich Herr Hebert, befahl der Oberin in heftigem Tone, sich zu setzen und gebot ihr Schweigen. Sie setzte sich, fühlte sich aber unbehaglich, rückte auf ihrem Stuhle hin und her, kratzte sich den Kopf, ordnete an ihrer Kleidung und gähnte, während der Archidiakon sich sehr verständig über das Haus ausließ, das ich verlassen hatte, die Unannehmlichkeiten, die ich zu erdulden gehabt, über das Haus, in das ich eintrat, und über die Verpflichtungen, die ich den Personen gegenüber hatte, die mir Dienste geleistet. Bei diesen Worten sah ich Herrn Manouri an, der die Augen zu Boden schlug. Jetzt wurde die Unterhaltung allgemein, das der Oberin peinliche Schweigen hörte auf, ich näherte mich Herrn Manouri und dankte ihm für die Dienste, die er mir erwiesen habe; dabei stotterte ich und zitterte und wußte nicht, welche Dankbarkeit ich ihm aussprechen sollte. Doch meine Verwirrung, meine Verlegenheit, meine Rührung, kurz, mein ganzes Benehmen sprach beredter zu ihm, als ich es hätte thun können. Ich weiß nicht, was er mir sagte, doch ich hörte, daß er sich überreich belohnt fühle, wenn er die Härte meines Schicksals ein wenig gelindert; er würde sich dessen, was er gethan, mit viel größerem Vergnügen als ich selbst erinnern; es thäte ihm sehr leid, daß ihm seine Beschäftigungen, die ihn an den Pariser Gerichtshof fesselten, nicht erlaubten, das Kloster Arpajon öfter zu besuchen, doch er hoffe, der Archidiakon und die Frau Oberin würden ihm die Erlaubnis geben, sich nach meiner Gesundheit und Lage zu erkundigen. Der Archidiakon hörte darauf nicht, doch die Oberin erwiderte:

"Mein Herr, fragen Sie nur, soviel sie wollen; sie wird thun, was ihr beliebt; wir werden trachten, hier den Kummer wieder gut zu machen, den man ihr bereitet hat."

Dann flüsterte sie mir ganz leise zu:

"Du hast also viel leiden müssen, mein Kind? Wie haben nur diese Geschöpfe in Lonchamp den Mut gehabt, dich zu mißhandeln? Ich habe deine Oberin gekannt, wir waren zusammen in Port-Royal, und sie war bei allen unbeliebt. Doch wir werden ja Zeit genug haben, uns zu unterhalten, dann wirst du mir alles erzählen."

Als sie diese Worte sprach, ergriff sie eine meiner Hände und versetzte mir mit der ihrigen kleine Schläge. Die jungen Geistlichen sprachen ebenfalls verbindliche Worte zu mir, und da es spät war, so verabschiedete sich Herr Manouri, während der Archidiakon und seine Gefährten sich zu dem Standesherrn von Arpajon begaben, der sie eingeladen hatte. Ich blieb mit der Oberin allein, doch nicht für lange Zeit, denn alle Nonnen, Novizen und Pensionärinnen kamen herbeigelaufen, und im Nu war ich von etwa hundert Personen umringt. Ich wußte nicht, auf wen ich hören, noch wem ich antworten solle; es waren Gesichter aller Art, und ich hörte Reden von allen möglichen Färbungen; dennoch erkannte ich, daß man weder mit meiner Person, noch mit meinen Antworten unzufrieden war.

Als diese unangenehme Konferenz einige Zeit lang gedauert hatte und die erste Neugier befriedigt war, jagte die Oberin die andern fort und brachte mich selbst in meine Zelle. Sie zeigte mir den Betschemel, machte mich auf alles aufmerksam und sagte:

"Dort wird meine kleine Freundin zu Gott beten:

man soll ihr ein Kissen auf den Schemel legen, damit ihre kleinen Kniee nicht verletzt werden. Es ist auch kein Weihwasser in diesem Weihkessel; diese Schwester Dorothea vergißt stets etwas. Versuchen Sie diesen Sessel, versuchen Sie, ob er Ihnen bequem ist."

Während sie diese Worte sprach, drückte sie mich in den Sessel nieder, legte mir den Kopf gegen die Lehne und küßte mir die Stirn. Dann ging sie zum Fenster, um sich zu überzeugen, ob die Rahmen sich auch leicht hoben und senkten, zog an meinem Bett die Vorhänge auf und zu, um zu sehen, ob sie auch gut schlössen, untersuchte die Decken und meinte, sie wären gut; dann nahm sie das Kopfkissen, ließ es sich aufbauschen und sagte: "Das teure Köpfchen wird sich darauf recht wohl befinden; diese Betten sind nicht sein, aber sie sind so, wie sie die Klostergemeinde gerade hat; auch die Matratzen sind gut."

Nach diesen Worten trat sie wieder zu mir und umarmte mich, um mich dann zu verlassen. Während dieser Zeit richtete ich mich in meiner Zelle ein; dann wohnte ich dem Abendgottesdienst, dem Nachtmahl und der darauf folgenden Erholung bei. Am ersten Abend erhielt ich den Besuch der Oberin; sie kam gerade, als ich mich entkleidete und nahm mir selbst meinen Schleier und mein Brusttuch ab, auch machte sie mir das Haar für die Nacht und kleidete mich aus. Sie hielt mir allerlei süße Reden und überhäufte mich mit Liebkosungen, die mich etwas in Verlegenheit setzten, ohne daß ich recht wußte, warum. Trotzdem sprach ich mit meinem Beichtvater darüber, der diese Vertraulichkeiten in sehr strengem Tone tadelte und mir streng verbot, mich noch öfter dazu herzugeben. Sie küßte mir den Hals, die Schulter, die Arme, lobte meine Körperfülle, meine Taille und legte mich ins Bett; dann hob sie meine Decken in die Höhe, küßte mir die Augen, zog die Vorhänge zurück und ging davon. Am nächsten Morgen gegen neun Uhr hörte ich leise an die Tür klopfen; ich lag noch im Bett, antwortete, und man trat ein; es war ein Nonne, welche mir in ziemlich schlechter Laune sagte, es wäre spät, und die Mutter Oberin verlange nach mir. Ich erhob mich, kleidete mich an und ging hinunter.

"Guten Tag, mein Kind", sagte sie zu mir. "Haben Sie die Nacht gut verbracht? Hier ist Kaffee, er wartet schon seit einer Stunde auf Sie, ich glaube, er wird gut sein; beeilen Sie sich, trinken Sie, nachher wollen wir plaudern."

Während sie diese Worte sprach, breitete sie ein Taschentuch über den Tisch und entfaltete ein zweites auf meinen Knieen, goß Kaffee ein und schüttete Zucker in denselben. Während ich frühstückte, erzählte sie mir von meinen Gefährtinnen, die sie mir je nach ihrer Vorliebe oder Abneigung schilderte, erwies mir tausend Freundlichkeiten, richtete tausend Fragen an mich über das Haus, das ich verlassen, erkundigte sich nach meinen Eltern, nach den Unannehmlichkeiten, die ich gehabt, lobte und tadelte nach ihrer Laune und hörte meine Antworten nie bis zu Ende an. Ich widersprach ihr nicht, und sie war mit meinem Geiste, meinem Urteil und meinem Benehmen zufrieden. Unterdessen kam eine Nonne, eine zweite und eine dritte, eine vierte, eine fünfte; man sprach von den Vögeln der Oberin. Die eine erzählte von den kleinen Lächerlichkeiten der abwesenden Schwestern, und man kam in die heiterste Stimmung. Es stand in einem Winkel der Zelle ein Spinett; aus Zerstreuung legte ich die Hände darauf und schlug einige Akkorde an, wodurch ich nach und nach die Aufmerksamkeit auf mich lenkte. Die Oberin kam zu mir, versetzte mir einen leisen Schlag auf die Schulter und sagte:

"Nun, Sainte-Susanne, vertreibe uns ein wenig die Zeit, spiele zuerst, und dann magst du singen."

Ich that, was sie wünschte, spielte einige Stücke und präludierte aus eigener Phantasie; dann sang ich einige Verse aus den Psalmen von Mondonville.

"Das ist sehr hübsch", sagte die Oberin zu mir, "doch fromme Lieder haben wir in der Kirche, soviel wir wollen; wir sind allein; das hier sind meine Freundinnen und werden auch die deinen sein; also singe uns etwas Heiteres."

Einige der Nonnen sagten: "aber sie kennt vielleicht nichts weiter, vielleicht ist sie von ihrer Reise noch ermüdet; auch ist es für einmal wohl genug."

"Nein, nein", versetzte die Oberin, "sie begleitet sich wunderbar und hat die schönste Stimme von der Welt; ich lasse sie nicht eher los, als bis sie uns etwas anderes vorgetragen hat."

Ich sang deshalb ein ziemlich zartes Liedchen, und alle klatschten in die Hände, lobten mich, umarmten mich, liebkosten mich und verlangten ein zweites Lied zu hören. Trotzdem ließen es sich gerade diejenigen, die nicht das geringste davon verstanden, einfallen, über meinen Gesang ebenso lächerliche als mißfällige Bemerkungen zu machen, die aber auf die Oberin nicht die geringste Wirkung hatten.

"Schweigt", sagte sie zu ihnen, "sie singt und spielt wie ein Engel, und ich wünsche, daß sie alle Tage hieherkommt; ich habe früher ein bißchen Musik gekonnt und möchte, daß sie mich wieder ein wenig damit bekannt mache."

"Oh, Madame", sagte ich zu ihr, "wenn man es früher gekonnt, so hat man nicht alles vergessen."

"Gut, tritt mir deinen Platz ab!"

Sie präludierte und spielte tolle Sachen, die ebenso seltsam und unzusammenhängend waren, wie ihre Gedanken; doch sah ich trotz der mangelhaften Ausführung, daß sie eine viel leichtere Hand hatte als ich. Die Nonnen verschwanden eine nach der andern; ich blieb mit der Oberin fast ganz allein, und wir unterhielten uns von Musik. Sie saß und ich stand vor ihr, und sie ergriff meine Hände und sagte zu mir, indem sie sie drückte:

"Aber außerdem, daß sie gut spielt, hat sie auch die hübschesten Finger von der Welt; sehen Sie doch nur, Schwester Therese!"

Schwester Therese schlug die Augen zu Boden und stotterte etwas vor sich hin, während die Oberin meine Taille umschlang und erklärte, ich hätte die hübscheste Taille von der Welt. Sie zog mich zu sich heran, ließ mich auf ihren Knieen sitzen, hob mir den Kopf mit den Händen in die Höhe und forderte mich auf, sie anzusehen; dann lobte sie meine Augen, meinen Mund, meine Wangen, meinen Teint; doch ich antwortete ihr nichts, schlug die Augen zu Boden und überließ mich wie stumpfsinnig ihren Liebkosungen.

Schwester Therese war zerstreut und unruhig; sie ging von einer Seite nach der andern, rührte alles ohne jeglichen Grund an, wußte nicht, was sie anfangen sollte, blickte aus dem Fenster und glaubte gehört zu haben, es hätte an die Thür geklopft, bis die Oberin schließlich zu ihr sagte:

"Schwester Therese, du kannst gehen, wenn du dich langweilst."

"Madame, ich langweile mich nicht."

"Ich habe aber dieses Kind noch nach tausenderlei Dingen zu fragen."

"Das glaube ich!"

"Ich will ihre ganze Geschichte wissen; wie soll ich denn sonst das Unheil wieder gut machen, das man an ihr verschuldet, wenn ich es nicht kenne? Ich wünsche, daß sie mir alles erzähle, ohne etwas auszulassen. Ich bin überzeugt, das Herz wird mir bluten, und ich werde darüber weinen, doch gleichviel, Schwester Susanne, wann werde ich alles erfahren?"

"Wann Sie befehlen, Madame."

"Ich würde dich gleich darum bitten, wenn wir Zeit hätten. Wieviel Uhr ist es?"

"Madame, es ist 5 Uhr", erwiderte Schwester Therese, "es wird gleich zur Vesper läuten."

"Man mag immerhin damit beginnen."

"Aber Madame, Sie hatten mir doch vor der Vesper einige Augenblicke der Tröstung versprochen. Ich habe Gedanken, die mich beunruhigen, ich möchte Mama gern mein Herz ausschütten; wenn ich so zum Gottesdienste komme, werde ich nicht beten können, sondern zerstreut sein."

"Nein, Nein," sagte die Oberin, "du bist toll mit deinen Ideen, ich wette, ich weiß, um was es sich handelt; wir werden morgen davon sprechen."

"Ach, teure Mutter", sagte Schwester Therese, in Thränen ausbrechend und sich der Oberin zu Füßen werfend, "heute muß es sein!"

"Madame", sagte ich nun zu der Oberin, mich von ihren Knieen erhebend, auf denen ich sitzen geblieben war, "quälen Sie sie nicht, ich werde mich zurückziehen; ich werde ja noch immer Zeit haben, das Interesse zu befriedigen, das Sie für mich hegen; und wenn Sie Schwester Therese angehört haben, so wird sie nicht mehr leiden."

Mit diesen Worten machte ich eine Bewegung nach der Thür, um hinauszugehen, doch die Oberin hielt mich mit einer Hand zurück; Schwester Therese, die auf den Knieen lag, hatte sich der andern bemächtigt, küßte sie und weinte, und die Oberin sagte zu ihr:

"Wahrhaftig, Schwester Therese, du bist recht unbequem; ich habe es dir bereits gesagt; das ist mir unangenehm und mißfällt mir, und du weißt, ich lasse mich nicht gern stören."

"Ja, ja, ich weiß es, doch ich bin nicht Herr meiner Gefühle und möchte doch so gern, ..."

Indessen hatte ich mich zurückgezogen und die junge Schwester mit der Oberin allein gelassen.

Ich konnte nicht umhin, sie in der Kirche näher zu betrachten, von der Niedergeschlagenheit und Traurigkeit war nichts mehr zu sehen; unsere Augen begegneten sich mehrmals, und sie schien meinen Blicken ausweichen zu wollen. Was die Oberin anbetraf, so war sie in ihrem Betstuhle eingeschlafen. Der Gottesdienst wurde im Nu beendet, und der Chor schien nicht der Ort zu sein, in dem man sich am liebsten aufhielt, denn man verließ ihn mit der Schnelligkeit und dem Lärm von Vögeln, die aus ihrem Käfig entfliehen. Die Schwestern liefen lachend und schwätzend in ihre Zellen, die Oberin schloß sich in die ihrige ein, und die Schwester Therese sah mir nach, als hatte sie gar zu gern erfahren, was ich anfangen würde. Plötzlich kam ich auf den Gedanken, das junge Mädchen wäre vielleicht eifersüchtig aus mich und fürchte, ich könne ihm die Gunst der Oberin rauben. Ich beachtete sie mehrere Tage hintereinander, und als ich meinen Verdacht genügend begründet glaubte, suchte ich sie auf und sagte zu ihr:

"Teure Freundin, was fehlt Ihnen?"

Sie antwortete mir nicht. Mein Besuch überraschte sie und setzte sie in Verlegenheit; deshalb wußte sie auch nicht, was sie sagen, noch was sie thun sollte.

"Sie lassen mir nicht genügend Gerechtigkeit widerfahren," fuhr ich fort; "sprechen Sie offen zu mir. Sie fürchten, ich mißbrauche die Vorliebe, die unsere Oberin für mich hegt; doch beruhigen Sie sich . ...."

"Nein, nein", fiel sie mir ins Wort, "sie liebt Sie und hat für Sie heute genau dasselbe gethan, was sie im Anfang für mich gethan hatte."

"Nun, so seien Sie überzeugt, daß ich mich des Vertrauens, das sie mir schenkt, nur bedienen werde, um Ihnen ihre Liebe wiederzugewinnen."

"Und das wird von Ihnen abhängen?"

"Warum sollte es nicht von mir abhängen?"

Anstatt mir zu antworten, fiel sie mir um den Hals und sagte zu mir seufzend: "Es ist nicht Ihre Schuld, ich sage es mir jeden Augenblick; doch versprechen Sie mir ...."

"Was soll ich Ihnen versprechen?"

"Daß ...."

"Nun, vollenden Sie nur; ich werde alles thun, was in meinen Kräften steht."

Sie zögerte, bedeckte sich ihre Augen mit den Händen und sagte zu mir mit so leiser Stimme, daß ich sie kaum hörte:

"Kommen Sie wenigstens so wenig wie möglich mit ihr zusammen."

Diese Bitte erschien mir so seltsam, daß ich nicht umhin konnte, ihr zu antworten:

"Was kümmert es Sie, ob ich mit unserer Oberin oft oder selten zusammenkomme? Ich bin durchaus nicht böse, wenn Sie fortwährend mit ihr zusammen sind. Dasselbe muß doch bei Ihnen der Fall sein; genügt es Ihnen nicht, wenn ich Ihnen verspreche, daß ich Ihnen nie bei ihr schaden werde?"

Sie erwiderte mir nur mit den Worten, indem sie sich von mir losrieß und auf ihr Bett warf:

"Ich bin verloren, verloren."

"Und weshalb?"

"Aber Sie müssen mich ja für das boshafteste Geschöpf von der Welt halten ...."

Auf diesem Punkte war unsere Unterhaltung angelangt, als die Oberin eintrat. Sie war erst in meiner Zelle gewesen, hatte mich dort nicht gefunden und war nun umsonst durch das ganze Haus gelaufen. Der Gedanke, ich könnte bei der Schwester Therese sein, war ihr nicht gekommen. Als sie es von denen, die sie nach mir ausgeschickt hatte, erfahren, kam sie schnell herbei, und auf ihrem Gesicht und in ihren Blicken lag eine gewisse Verlegenheit. Die Schwester Therese saß schweigend auf ihrem Bett; ich stand vor ihr und sagte zu ihr:

"Meine teure Mutter, ich bitte Sie um Verzeihung, daß ich ohne Erlaubnis hierher gekommen bin."

"Es ist wahr", erwiderte sie mir, "es wäre besser gewesen. Sie hätten erst danach gefragt."

"Aber die teure Schwester hat mein Mitleid erregt; ich sah, daß sie traurig war."

"Worüber?"

"Soll ich es Ihnen sagen? Die Beweise von Güte, die Sie mir bewiesen haben, haben ihre Zärtlichkeit beunruhigt; sie hat gefürchtet, ich könne in Ihrem Herzen den Vorzug vor ihr erhalten; doch ich habe sie beruhigt."

Die Oberin nahm, nachdem sie mich angehört hatte, eine strenge und imponierende Miene an und sagte zu ihr: "Schwester Therese, ich habe Sie geliebt und liebe Sie noch, ich habe mich nicht über Sie zu beklagen, und Sie sollen sich auch nicht über mich zu beklagen haben, doch ich kann die ausschließlichen Ansprüche nicht leiden. Machen Sie sich davon frei, wenn Sie nicht das Schicksal der Schwester Agathe erleiden wollen."

Dann wandte sie sich wieder zu mir und sagte:

"Das ist jene große Brünette, die im Chor mir gegenüber sitzt. Ich liebte sie, als Schwester Therese hier eintrat, und ich auch sie lieb zu haben anfing. Sie beging dieselben Thorheiten, wurde von derselben Unruhe gequält; ich warnte sie, doch sie besserte sich nicht, und ich war genötigt, strenge Maßregeln zu ergreifen."

Dann wandte sie sich wieder zur Schwester Therese und fügte hinzu:

"Mein Kind ich will nicht belästigt werden; ich habe es Ihnen bereits gesagt; Sie kennen mich, treiben Sie mich nicht aus meinem eigenen Charakter heraus."

Darauf sagte sie zu mir, während sie sich mit einer Hand auf meine Schultern stützte:

"Kommen Sie, Schwester Susanne, begleiten Sie mich!"

Wir gingen hinaus; Schwester Therese wollte uns folgen, doch die Oberin wandte nachlässig den Kopf über die Schulter und sagte in despotischem Tone:

"Kehren Sie in Ihre Zelle zurück, und verlassen Sie dieselbe nur, wenn ich es Ihnen gestatte."

Sie gehorchte, schloß heftig ihre Thür und ließ sich einige Reden entschlüpfen, die die Oberin erbeben ließen. Als ich ihren Zorn sah, sagte
ich zu ihr:

"Teure Mutter, wenn Sie einige Güte für mich hegen, so verzeihen Sie
der Schwester Therese; sie hat ganz und gar den Kopf verloren und weiß
nicht, was sie spricht, noch was sie thut."

"Ich soll ihr verzeihen? Oh, das will ich gern. Doch was werden Sie mir
dafür geben?"

"Teure Mutter, wäre ich so glücklich, etwas zu besitzen, das Ihnen gefällt und Sie beruhigen könnte?"

Sie schlug die Augen zu Boden, errötete, und seufzte, mit einem Wort,
sie benahm sich wie ein Verliebter. Dann sagte sie zu mir, während sie
matt auf mich zurücksank, als wenn sie ohnmächtig würde:

"Reichen Sie mir Ihre Stirn, auf daß ich sie küsse!"

Ich neigte das Haupt, und sie küßte mich auf die Stirn. Sobald nach dieser Zeit irgend eine Nonne einen Fehler begangen hatte, verwendete ich
mich für sie, und ich war sicher, ihre Gnade durch irgend eine unschuldi-
ge Gunst zu erlangen; fast immer war es ein Kuß, entweder auf die Stirn,
oder auf den Hals, oder auf die Augen, oder auf die Wangen, oder auf den
Mund, oder auf die Hände, oder auf den Busen, oder auf die Arme, doch
meistens auf den Mund; sie fand, ich hätte weiße Zähne und frische, rote
Lippen.

Indessen kamen wir ihrer Zelle näher, und ich schickte mich an, sie zu
verlassen; doch sie ergriff mich bei der Hand und sagte zu mir:

"Es ist zu spät, um Ihre Geschichte von Longchamp und Sainte-Marie zu
beginnen; doch treten Sie ein, Sie können mir eine kleine Lektion auf
dem Klavier geben."

Ich folgte ihr; im Nu hatte sie das Klavier geöffnet, ein Notenbuch hingestellt und mir einen Stuhl zurechtgeschoben. Ich setzte mich, und sie
glaubte, ich würde frieren; deshalb nahm sie ein Kissen von einem Stuhle,
legte es mir hin, bückte sich, nahm meine beiden Füße, die sie darauf

setzte, und ich spielte dann einige Stücke; indessen hatte sie einen Zipfel meines Halstuches in die Höhe gehoben, ihre Hand lag auf meiner nackten Schulter, während ihre Fingerspitzen auf meinem Busen ruhten. Sie seufzte und schien beklommen, ihr Atem wurde schwerer; die Hand, die sie auf meiner Schulter hielt, drückte dieselbe anfangs stark, doch dann gar nicht mehr, als wäre sie kraft- und leblos gewesen, während ihr Kopf auf den meinen herniederfiel.

So amüsierten wir uns in ebenso einfacher, wie sanfter Weise, als plötzlich die Thür heftig aufgerissen wurde; ich fuhr ängstlich zusammen, und die Oberin ebenfalls; es war diese Närrin von Schwester Therese; ihre Kleidung war in Unordnung, ihre Augen blickten wirr, doch ihre Lippen vermochten nicht zu sprechen; indessen kam sie wieder zu sich und warf sich vor den Füßen der Oberin nieder; ich vereinigte meine Bitte mit der ihrigen und wirkte ihr noch einmal Verzeihung aus, doch die Oberin erklärte ihr in festem Tone, es wäre das letzte Mal.

Als wir in unsere Zellen zurückgekehrt waren, sagte ich zu ihr: "Teure Schwester, nehmen Sie sich in acht, Sie werden unsere Mutter erzürnen; ich werde Sie nicht verlassen, doch Sie werden meinen Einfluß bei ihr vernichten, und ich würde untröstlich sein, nichts mehr für Sie oder eine andere ausrichten zu können. Doch was denken Sie sich eigentlich?"

Keine Antwort.

"Was fürchten Sie denn von mir?"

Keine Antwort.

"Kann uns unsere Mutter nicht beide gleich lieben?"

"Nein, nein", erwiderte sie heftig, "das ist nicht möglich; ich werde ihr bald zuwider sein und darüber vor Kummer sterben."

"Gewiß", sagte ich zu ihr, "es ist ein großes Unglück, das Wohlwollen seiner Oberin verloren zu haben, doch ich kenne noch ein viel größeres, es verdient zu haben, und Sie haben sich doch nichts vorzuwerfen."

"Oh, das wolle Gott!"

"Wenn Sie sich selbst irgend eines Fehlers anklagen, so müssen Sie ihn wieder gut machen, und das sicherste Mittel dazu ist, das Leiden geduldig zu ertragen."

"Das kann ich nicht, das kann ich nicht, und dann, steht ihr denn das Recht zu, mich zu bestrafen?"

"Ihr? Schwester Therese, ihr? Spricht man so von seiner Oberin? Das ist nicht recht. Sie vergessen sich. Ich bin überzeugt, der Fehler ist schwerer als die, die Sie sich selbst vorwerfen."

"Oh, das wolle Gott", sagte sie wieder, "das wolle Gott."

Mit diesen Worten trennten wir uns; sie ging in ihre Zelle, um dort zu jammern, ich in die meinige, um dort über die Tollheit der Weiberköpfe nachzudenken.

Ich sah die Zärtlichkeit, die die Oberin für mich gefaßt hatte, von Tag zu Tag stärker werden; ich war unaufhörlich in ihrer Zelle, oder sie war in der meinigen; bei der geringsten Unpäßlichkeit ließ sie mich in den Krankensaal bringen, dispensierte mich vom Gottesdienst, schickte mich frühzeitig schlafen und untersagte mir das Morgengebet. Man machte ihr kein Geschenk, ohne daß sie es mit mir geteilt hätte: Chokolade, Zucker, Kaffee, Liköre, Wäsche, Taschentücher, alles mögliche; ich konnte mich fast kaum einen Augenblick entfernen, ohne mich bei meiner Rückkehr um einige Gegenstände reicher zu finden.

Ich eilte zu ihr, um ihr zu danken, und sie empfand darüber eine Freude, die sich nicht ausdrücken läßt; sie umarmte mich, streichelte mich, nahm mich auf die Kniee, unterhielt mich von den geheimsten Dingen des Hauses und versprach sich, wenn ich sie liebte, ein tausendmal glücklicheres Leben, als das, welches sie in der Welt geführt hatte, darauf hielt sie inne, betrachtete mich mit zärtlichen Blicken und sagte:

"Schwester Susanne, lieben Sie mich?"

"Wie sollte ich Sie denn nicht lieben; dazu müßte ich wohl recht undankbar sein!"

"Das ist wahr!"

"Sie sind so gütig zu mir ..."

"Sagen Sie lieber, ich besitze Zuneigung zu Ihnen."

Während sie diese Worte aussprach, schlug sie die Augen zu Boden, die Hand, mit der sie mich umschlungen hielt, drückte mich stärker, die, die sie auf meine Kniee gelegt, preßte heftiger; sie zog mich zu sich heran, ihr Gesicht legte sich auf das meinige, sie seufzte, lehnte sich auf ihren Stuhl zurück und zitterte; man konnte glauben, sie hatte mir etwas anzuvertrauen und wagte es nicht, dazu vergoß sie Thränenströme und sagte dann zu mir:

"Ach, Schwester Susanne, Sie lieben mich nicht."

"Ich liebe Sie nicht, teure Mutter?"

"Nein!" "So sagen Sie doch, was ich thun muß, um es Ihnen zu beweisen."

"Das müßten Sie erraten."

"Ich suche doch, ich finde nichts."

Indessen hatte sie ihr Halstuch hochgehoben und eine meiner Hände auf ihre Brust gelegt; sie schwieg, und ich schwieg ebenfalls. Dabei schien sie das größte Vergnügen zu empfinden. Dann forderte sie mich auf, ihr die Stirn, die Wangen und den Mund zu küssen, und ich gehorchte ihr. Ich glaubte nicht, daß etwas Böses dabei war. Indessen schien ihr Vergnügen zuzunehmen, und da ich nichts besseres verlangte, als ihr Glück in so unschuldiger Weise zu fördern, so küßte ich ihr wieder die Stirn, die Augen, die Wangen und den Mund. Die Hand, die sie über mein Kniee gelegt, huschte überall auf meine Kleider, von den Füßen bis zum Gürtel und drückte mich bald an einer Stelle, bald an der andern; stammelnd ermahnte sie mich und zwar mit zitternder, leiser Stimme, meine Liebkosungen zu verdoppeln, und ich verdoppelte sie. Endlich kam ein Augenblick, da sie – ich weiß nicht, ob es Vergnügen oder Schmerz war – totenblaß wurde; ihre Augen schlossen sich; ihr ganzer Körper streckte sich heftig aus, ihre Lippen preßten sich zuerst zusammen und waren wie von einem leichten Schaume benetzt; dann öffnete sie ihre Lippen, und sie schien zu sterben, während ihr Mund einen tiefen Seufzer ausstieß. Ich erhob mich plötzlich; ich glaubte, sie wäre unwohl und wollte rufen. Da schlug sie schwach die Augen auf und sagte mit erlöschender Stimme:

"Du Unschuld; es hat nichts zu bedeuten; bleib hier."

Ich sah sie mit entsetzten Augen an und wußte nicht, ob ich bleiben oder gehen solle. Wieder öffnete sie die Augen, doch sie konnte gar nicht sprechen; darum gab sie mir ein Zeichen, näher zu treten und mich wieder auf ihre Knie zu setzen. Ich weiß nicht, was in mir vorging, ich fürchtete mich und zitterte, das Herz klopfte mir hörbar, ich konnte kaum atmen und fühlte mich verwirrt und aufgeregt; meine Kräfte schienen mich zu verlassen, und ich glaubte ohnmächtig zu werden. Ich trat zu ihr, sie machte mir wieder ein Zeichen, mich auf ihre Knie zu setzen, und ich setzte mich. Indessen schien die gute Oberin wieder zu sich zu kommen, sie lag noch immer in ihren Stuhl zurückgesunken, ihre Augen waren noch immer geschlossen, doch ihr Gesicht hatte sich mit den schönsten Farben belebt; sie ergriff eine meiner Hände, die sie küßte, und ich sagte zu ihr:

"Oh, teure Mutter, Sie haben mir große Furcht eingejagt."

Sie lächelte sanft, ohne ihre Augen aufzuschlagen.

"Aber Sie haben doch keine Schmerzen gelitten?"

"Nein."

"Ich glaubte es."

"Oh, diese Unschuld, wie sie mir gefällt!"

Als sie diese Worte sprach, erhob sie sich wieder, setzte sich auf ihren Stuhl, faßte mich um die Taille und küßte mich kräftig auf die Wangen; dann sagte sie zu mir:

"Wie alt sind Sie?"

"Ich bin noch nicht 20 Jahre,"

"Das verstehe ich nicht."

"Teure Mutter, es ist wahr."

"Ich will Ihr ganzes Leben kennen lernen; wollen Sie es mir erzählen?"

"Ja, teure Mutter."

"Ihr ganzes Leben?"

"Gewiß."

"Doch man könnte kommen; setzen wir uns ans Klavier, Sie werden mir Unterricht erteilen."

Wir gingen nach dem Klavier, doch ich weiß nicht, wie es kam, meine Hände zitterten, das Notenpapier zeigte mir nur einen wirren Haufen von Noten, und ich konnte nicht spielen.

Ich sagte es ihr, sie begann zu lachen und nahm meinen Platz ein; doch jetzt war es noch schlimmer, denn sie konnte kaum ihre Arme rühren.

"Mein Kind", sagte sie zu mir, "du siehst, daß du nicht im stande bist, mir etwas zu zeigen, noch ich etwas zu lernen. Ich bin ein wenig müde und muß mich ausruhen; lebe also wohl, morgen will ich alles erfahren, was in dieser kleinen Seele vorgegangen ist; lebe also wohl!"

Meine Zelle lag fast der der Schwester Therese gegenüber; die ihre stand offen, sie erwartete mich, sprach mich an und sagte:

"Ach, Schwester Susanne, Sie kommen von unserer Mutter."

"Ja", versetzte ich.

"Sie sind lange dort geblieben?"

"So lange sie's gewollt hat,"

"Das hatten Sie mir aber nicht versprochen."

"Ich habe Ihnen gar nichts versprochen."

"Würden Sie es wagen, mir zu berichten, was Sie dort gethan haben?"

"Liebe Schwester", antwortete ich ihr, "vielleicht würden Sie mir nicht glauben; doch vielleicht werden Sie unserer teuren Mutter glauben, und ich werde sie bitten, Sie davon zu unterrichten."

"Oh, teure Schwester Susanne", versetzte sie lebhaft, "thun Sie das ja nicht; Sie werden mich doch nicht unglücklich machen wollen; sie würde mir nie verzeihen, Sie kennen sie nicht; sie ist im stande, von der größten Liebenswürdigkeit zur Grausamkeit überzugehen, und ich weiß nicht, was dann aus mir werden sollte; versprechen Sie mir, ihr nichts davon zu sagen,"

"Sie wollen es?"

"Ich bitte Sie kniefällig darum; versprechen Sie mir, ihr nichts zu sagen."

Ich hob sie auf und gab ihr mein Wort, sie rechnete darauf, und wir schlossen uns beide in unsere Zelle ein.

Als ich wieder in die meinige zurückgekehrt war, versank ich in Nachdenken, wollte beten und konnte es nicht, ich suchte mich zu beschäftigen, begann eine Arbeit, die ich mit einer anderen vertauschte, die ich wieder liegen ließ, um eine dritte vorzunehmen; meine Hände hielten von selbst inne, und ich war wie blöde, nie hatte ich etwas Ähnliches empfunden. Meine Augen schlossen sich von selbst, ich schlummerte ein wenig, obwohl ich sonst nie am Tage schlafe; als ich wieder erwacht war, fragte ich mich, was wohl zwischen mir und der Oberin vorgegangen war; ich prüfte mich und glaubte bei längerem Nachdenken dunkel zu erkennen ... doch das waren so verworrene, tolle und lächerliche Gedanken, daß ich sie weit von mir wies. Das Resultat meines Nachdenkens war, daß sie vielleicht einer Krankheit unterworfen wäre, dann kam mir ein anderer Gedanke, diese Krankheit wäre vielleicht ansteckend, Schwester Therese wäre davon befallen worden, und bei mir wäre es auch der Fall.

Am nächsten Tage nach dem Morgengottesdienst sagte unsere Oberin zu mir:

"Schwester Susanne, heute habe ich alles zu erfahren, was Ihnen zugestoßen ist; kommen Sie."

Ich ging mit ihr, sie ließ mich in ihrem Sessel neben ihrem Bette Platz nehmen, während sie sich selbst auf einen niedrigen Stuhl setzte. Ich saß so nahe bei ihr, daß meine beiden Kniee in die ihrigen eingeklemmt waren, während sie sich mit den Ellenbogen auf ihr Bett stützte. Nach einer kleinen Pause sagte ich zu ihr:

"Obgleich ich sehr jung bin, so habe ich doch viel gelitten; seit fast zwanzig Jahren bin ich in der Welt, und seit zwanzig Jahren muß ich dulden. Womit, teure Mutter, soll ich also beginnen?"

"Erzählen Sie von Anfang an."

"Aber, teure Mutter, das wird sehr lang und traurig sein, und ich möchte Sie nicht so lange betrüben."

"Fürchte nichts; ich weine gern; es ist ein köstlicher Zustand für eine zärtliche Seele, Thränen zu vergießen; auch du mußt wohl gern weinen; du wirst meine Thränen trocknen, ich werde die deinen trocknen, und vielleicht werden wir bei der Erzählung deiner Leiden glücklich sein; wer weiß, wie weit uns die Rührung führen kann ..."

Während sie die letzten Worte sprach, blickte sie mich mit bereits feuchten Augen von unten bis oben an, dann ergriff sie meine beiden Hände und näherte sich mir noch mehr, so daß ich sie berührte und sie mich.

"Erzähle mein Kind, ich warte und verspüre die lebhafteste Neigung, mich von der Rührung überwältigen zu lassen; ich glaube, ich war noch nie in meinem ganzen Leben so mitleidsvoll und liebreich gestimmt."

Ich begann also meine Erzählung, doch kann ich die Wirkung, die sie auf sie hervorbrachte, nicht beschreiben; die Seufzer, die sie ausstieß, die Thränen, die sie vergoß, die Zeichen der Entrüstung, die sie über meine grausamen Eltern, die gräßlichen Schwestern von Sainte-Marie und die von Longchamp zu erkennen gab. Von Zeit zu Zeit unterbrach sie mich, erhob sich und ging hin und her, um sich dann wieder auf ihren Platz zu setzen. Dann wieder reckte sie ihre Arme gen Himmel, um darauf ihren Kopf zwischen meinen Knieen zu verbergen. Als ich zu Ende war, schwieg ich, und sie blieb einige Zeit mit dem Körper über ihr Bett gebeugt, das Gesicht in ihre Decke pressend und die Arme über ihren Kopf streckend, während ich zu ihr sagte:

"Teure Mutter, ich habe es Ihnen vorher gesagt, doch Sie haben es so gewollt."

Sie antwortete mir nur mit den Worten: "Die boshaften Geschöpfe! die gräßlichen Weiber! nur in den Klöstern kann sich die Unmenschlichkeit bis zu diesem Punkte verirren. Zum Glück bin ich sanft; ich liebe alle meine Nonnen, sie haben alle mehr oder weniger meinen Charakter angenommen und lieben sich untereinander. Diese grausamen Geschöpfe! diese Arme mit Stricken einzuschnüren ...." Dabei drückte sie meine Arme und küßte sie . ... "diesen Augen Thränen zu entlocken! ..." Dabei küßte sie sie... "Klagen und Stöhnen diesem Munde zu entreißen!" Dabei küßte sie ihn .... "dieses reizende und heitere Gesicht unaufhörlich mit Wolken der Traurigkeit zu bedecken!" Dabei küßte sie es .... "Die Rosen dieser Wangen zum Welken zu bringen." Dabei streichelte sie sie und küßte sie .... "Diese Haare auszuraufen und diese Stirn mit Sorgen zu beladen ...." Dabei küßte sie meinen Kopf, meine Stirn und meine Haare .... "Um diesen Hals einen Strick zu schlingen und diese Schultern mit Spitzen zu zerreißen ...." Dabei schob sie mein Hals- und Kopftuch zur Seite und öffnete mein Kleid: meine Haare fielen zerstreut auf meine entblößten Schultern, meine Brust war halb nackt, und ihre Küsse fielen auf meinen Hals, meine entblößten Schultern und meine halb nackte Brust.

Ich weiß nicht, was in mir vorging, doch ich wurde von Entsetzen, Zittern und Beben ergriffen und fügte zu ihr:

"Teure Mutter, sehen Sie in welche Unordnung Sie mich versetzt haben; wenn man käme ...."

"Bleib, bleib," rief sie mir mit beklommener Stimme zu, "es wird niemand kommen."

Indessen machte ich eine Anstrengung, um mich von ihr loszureißen und versetzte:

"Teure Mutter, nehmen Sie sich in acht, gestatten Sie mir, daß ich mich entferne."

Ich wollte fort, doch ich war nicht dazu im stande, ich hatte nicht die geringste Kraft, und die Kniee brachen unter mir zusammen. Sie saß, ich stand, sie zog mich an sich; deshalb setzte ich mich auf den Rand ihres Bettes und sagte:

"Teure Mutter, ich weiß nicht, was mir ist; aber ich fühle mich unwohl."

"Ich ebenfalls, doch ruhe dich einen Augenblick; es wird vorübergehen und nichts zu bedeuten haben."

Wir waren beide niedergeschlagen, ich hatte den Kopf auf ihr Kissen geneigt, sie den ihrigen auf eins meiner Kniee, während sie mit der Stirn auf einer meiner Hände lag; wir blieben einige Augenblicke in dieser Stellung, bis die Oberin zu mir sagte:

"Susanne, aus dem, was Sie mir gesagt, habe ich ersehen, daß Ihnen Ihre erste Oberin sehr teuer war."

"Ja!" erwiderte ich.

"Sie liebte Sie nicht mehr als ich, doch sie wurde von Ihnen mehr geliebt.... Sie antworten mir nicht?"

"Ich war unglücklich, und sie linderte meine Leiden."

"Aber woher kommt eigentlich Ihr Widerwille gegen das religiöse Leben, Susanne?"

"Von diesem Leben selbst; ich hasse die Pflichten, die Zurückgezogenheit, den Zwang; ich glaube, ich bin zu etwas anderem berufen."

"Aber woraus ersehen Sie das?"

"Aus der Langeweile, die mich quält; ich langweile mich."

"Auch hier?"

"Ja, auch hier, teure Mutter; trotz aller Güte, die Sie mir entgegenbringen."

"Aber empfinden Sie nicht selbst Wünsche und Gelüste?"

"Nein."

"Das glaube ich. Sie scheinen mir einen ziemlich ruhigen Charakter zu besitzen."

"Ja."

"Sie sind sogar kalt."

"Das weiß ich nicht."

"Sie kennen die Welt nicht:"

"Ich kenne sie nur sehr wenig."

"Welchen Reiz kann sie dann für Sie haben?"

"Das kann ich Ihnen nicht genau erklären, doch es ist so."

"Sehnen Sie sich nach der Freiheit zurück?"

"Das auch, und vielleicht noch vieles andere."

"Und was ist das? Meine Freundin, sprechen Sie offen zu mir, möchten Sie verheiratet sein?"

"Das weiß ich nicht."

"Sie wissen es nicht? Aber sagen Sie mir, welchen Eindruck macht die Anwesenheit eines Mannes auf Sie?"

"Gar keinen; wenn er Geist hat und gut spricht, so höre ich ihm mit Vergnügen zu; hat er ein schönes Gesicht, so fällt er mir auf."

"Und Ihr Herz bleibt ruhig?"

"Bis jetzt, ja!"

"Wie? wenn die Männer ihre leidenschaftlichen Blicke auf Sie richteten, so haben Sie nichts empfunden?"

"Manchmal Verlegenheit, und dann mußte ich ihretwegen die Augen zu Boden schlagen."

"Und Ihre Sinne sagten Ihnen nichts?"

"Ich weiß nicht so recht, was die Sprache der Sinne ist."

"Wie, Sie .... das ist eine sehr süße Sprache, sollten Sie sie wirklich nicht kennen?"

"Nein, teure Mutter, wozu sollte sie mir auch dienen?"

"Nun, um Ihre Langweile wieder zu verscheuchen."

"Vielleicht auch, um sie zu vermehren. Und dann, was bedeutet diese Sprache der Sinne ohne Gegenstand?"

"Wenn man spricht, so spricht man immer zu jemandem; das ist jedenfalls besser, als sich allein zu unterhalten, obgleich auch das nicht ohne Genuß ist."

"Davon verstehe ich nichts."

"Wenn du nur wolltest, liebes Kind, ich wollte dich bald aufklären."

"Nein, liebe Mutter, nein, ich weiß nichts und will auch lieber nichts wissen, als Kenntnisse zu erwerben, die mich vielleicht noch beklagenswerter machen, als ich es ohnehin bin. Ich habe keine Wünsche und will auch keine suchen, die ich nicht befriedigen könnte."

"Warum könntest du das nicht?"

"Wie sollte ich es denn können?"

"Wie ich!"

"Wie Sie? aber es ist ja niemand in diesem Hause."

"Nun, ich bin doch da, teure Freundin, und Sie sind da."

"Nun, was bin ich Ihnen, und was sind Sie mir?"

"Wie unschuldig sie ist!"

"Ja, das ist wahr, teure Mutter; ich bin es im höchsten Grade und würde lieber sterben, als aufhören, es zu sein."

Ich weiß nicht, was die letzten Worte für sie Verletzendes haben konnten, doch ihr Gesicht veränderte sich plötzlich; sie wurde ernst und verlegen; ihre Hand, die sie auf das eine meiner Kniee gelegt, hörte auf, dasselbe zu drücken und zog sich dann zurück; sie schlug die Augen zu Boden, und ich sagte zu ihr:

"Meine teure Mutter, was ist mir denn geschehen? Ist mir etwa ein Wort entschlüpft, das Sie beleidigt hat? Verzeihen Sie mir; die Dinge, von denen wir uns unterhalten, sind so seltsam; verzeihen Sie mir."

Während ich die letzten Worte sprach, warf ich meine beiden Arme um ihren Hals und legte meinen Kopf auf ihre Schulter, während sie dasselbe that und mich zärtlich an sich drückte. So blieben wir einige Augenblicke, dann gewann sie wieder ihre Zärtlichkeit und Fröhlichkeit und sagte zu mir:

"Susanne schlafen Sie gut?"

"Sehr gut", erwiderte ich, "besonders seit einiger Zeit."

"Sie schlafen sogleich ein?"

"Meistens ja."

"Aber wenn Sie nicht sogleich einschlafen, woran denken Sie dann?"

"An mein vergangenes Leben, an das, das ich jetzt führe, oder ich bete zu Gott, oder weine, was weiß ich!"

"Und morgens, wenn Sie frühzeitig erwachen?"

"Dann stehe ich auf."

"Sogleich?"

"Sogleich."

"Sie träumen also nicht gern?"

"Nein."

"Sie haben nie daran gedacht, sich erst längere Zeit aus Ihrem Kissen auszuruhen?"

"Nein."

Ich weiß nicht, wovon wir noch sprachen, als man ihr mitteilte, es wünsche sie jemand zu sprechen. Dieser Besuch schien ihr unangenehm zu sein, und sie hätte wohl lieber mit mir weitergeplaudert, obwohl das, was wir sprachen, nicht der Rede wert war; indessen trennten mir uns.

Der Scene, welche ich eben geschildert, folgte eine große Anzahl ähnlicher, die ich übergehe, um jetzt zu der Fortsetzung der eben geschilderten zu gelangen.

Die Unruhe begann sich der Oberin zu bemächtigen; sie verlor ihre Heiterkeit, ihre Körperfülle, ihre Ruhe. In der folgenden Nacht, als alles schlief, und das Haus in der tiefsten Stille lag, erhob sie sich, und nachdem sie einige Zeit in den Gängen umhergeirrt, kam sie auch an meine Zelle. Ich habe einen leichten Schlummer und glaubte sie zu erkennen; sie blieb stehen, und während sie scheinbar die Stirn gegen meine Thür lehnte, machte sie soviel Geräusch, daß ich erwacht wäre, wenn ich überhaupt geschlafen hätte. Ich verhielt mich ruhig, und es war mir, als hörte ich eine klagende Stimme und als seufzte jemand; zuerst überlief mich ein leises Schauern, dann entschloß ich mich, ein Ave zu sprechen. Anstatt mir zu antworten, entfernte man sich mit leisem Schritte; einige Zeit darauf kehrte man wieder, die Klagen und die Seufzer begannen von neuem, ich sprach wieder ein Ave, und man entfernte sich zum zweiten Male. Ich beruhigte mich und schlief ein. Während ich schlief, trat jemand ein und setzte sich an mein Bett; meine Vorhänge waren halb geöffnet, man hielt eine Kerze in der einen Hand, deren Licht auf mich fiel, während die, die sie trug, meinen Schlummer beobachtete; ich schlug die Augen auf, und vor mir stand die Oberin. Ich fuhr jäh empor; sie sah meinen Schreck und sagte zu mir:

"Beruhigen Sie sich, Susanne, ich bin es."

Ich legte wieder den Kopf auf mein Kissen und erwiderte:

"Teure Mutter, was thun Sie hier in dieser Stunde, was führt Sie her, warum schlafen Sie nicht?"

"Ich kann nicht schlafen," gab sie mir zur Antwort, "und werde lange Zeit dazu nicht im stande sein; schreckliche Träume quälen mich, kaum habe ich die Augen geschlossen, so erscheinen die Leiden, die Sie erduldet haben, wieder vor meiner Phantasie; ich will Ihnen zu Hilfe eilen, stoße ein Geschrei aus, erwache und erwarte umsonst, daß der Schlummer wiederkehrt. Das ist mir auch heute nacht passiert, ich fürchtete, der Himmel zeige mir damit ein Unglück an, das meiner Freundin zugestoßen ist; deshalb bin ich aufgestanden, habe mich ihrer Thür genähert und gelauscht. Ich sitze schon seit einiger Zeit neben Ihnen. Ich habe Sie betrachtet; wie schön sind Sie doch anzuschauen, selbst wenn Sie schlafen!"

"Teure Mutter, wie gut Sie sind!"

"Ich habe mich erkältet; doch ich weiß, ich habe nichts Unangenehmes für mein Kind zu fürchten, und glaube, ich werde nun schlafen. Geben Sie mir Ihre Hand."

Ich gab sie ihr.

"Wie ruhig Ihr Puls ist, wie gleichmäßig, nichts regt ihn auf."

"Ich habe in der That einen ziemlich ruhigen Schlaf."

"Wie glücklich Sie sind!"

"Teure Mutter, Sie werden sich noch weiter erkälten."

"Sie haben recht, schöne Freundin, leben Sie wohl; leben Sie wohl, ich gehe!"

Sie ging aber nicht, sondern sah mich weiter an, während zwei Thränen aus ihren Augen flossen.

"Teure Mutter," sagte ich, "was ist Ihnen? Sie weinen? Wie leid thut es mir. Ihnen von meinen Leiden erzählt zu haben."

In diesem Augenblick schloß sie meine Thür, löschte die Kerze aus und stürzte sich auf mich.

Sie umarmte mich und lag auf meiner Decke neben mir; ihr Gesicht preßte sich auf das meinige, ihre Thränen benetzten meine Wangen, sie seufzte und sagte mit klagender, gebrochener Stimme:

"Teure Freundin, haben Sie Mitleid mit mir!"

"Liebe Mutter," entgegnete ich, "was ist Ihnen, sind Sie krank, was soll ich thun?"

"Ich zittere und bebe, eine tödliche Kälte hat sich meiner bemächtigt."

"Soll ich mich erheben und Ihnen mein Bett abtreten?"

"Nein," erwiderte sie, "es ist nicht nötig, daß Sie aufstehen, schieben Sie nur ein wenig die Decke zurück, damit ich mich Ihnen nähern kann; so werde ich mich wieder erwärmen und erholen."

"Teure Mutter," entgegnete ich, "das ist ja verboten; was würde man sagen, wenn man es erführe?"

"Liebe Freundin, alles schläft um uns her, und niemand wird etwas erfahren; und was ist denn auch dabei? Susanne, haben Sie niemals bei Ihren Eltern, mit Ihren Schwestern ein und dasselbe Bett geteilt?"

"Nein, niemals."

"Wenn die Gelegenheit sich geboten hätte, hätten Sie es nicht ohne weiteres gethan? Wenn Ihre Schwester Sie um einen Platz neben Ihnen gebeten hätte, hätten Sie ihn ihr verweigert?"

"Ich glaube, nein."

"Und bin ich nicht Ihre teure Mutter?"

"Ja, das sind Sie, doch es ist verboten!"

"Teure Freundin, ich will mich nur ein wenig aufwärmen und dann wieder gehen; reichen Sie mir Ihre Hand."

Ich gab sie ihr.

"Hier," sagte sie, "fühlen Sie, wie ich zittere und schaudere, ich bin wie Marmor."

Dem war in der That so.

"Ach, die teure Mutter," rief ich aus, "sie wird noch krank werden, doch warten Sie, ich werde mich bis an den Bettrand zurückziehen, damit Sie sich auf die warme Stelle legen können." Ich rückte zur Seite, hob die Decke hoch, und sie legte sich an meine Stelle, dann sagte sie mit leiser Stimme:

"Meine Freundin, rücken Sie doch ein wenig näher."

Sie streckte ihre Arme aus, ich drehte ihr den Rücken, sie erfaßte mich sanft und zog mich zu sich heran; dann legte sie den rechten Arm unter meinen Körper, den andern darüber und sagte:

"Ich bin eiskalt und empfinde eine starke Kälte, daß ich Sie zu berühren fürchte; ich glaube. Ihnen wehe zu thun."

"Teure Mutter, fürchten Sie nichts."

Sogleich legte sie eine ihrer Hände auf meine Brust, und die andere auf meine Hüften; ihre Füße waren unter die meinigen geklemmt, und ich drückte sie, um sie zu erwärmen, während die Oberin zu mir sagte:

"Sehen Sie, teure Freundin, wie schnell meine Füße warm geworden sind, weil nichts mehr da ist, was sie von den Ihrigen trennt," Ich hatte mich umgewendet, als es plötzlich zweimal gegen die Thür schlug. Erschreckt sprang ich auf der einen Seite aus dem Bette, und die Oberin auf der andern; wir lauschten und hörten, wie jemand wieder auf den Fußspitzen in die Nebenzelle trat.

"Das ist Schwester Therese," flüsterte ich ihr zu, "sie hat Sie über den Korridor gehen und bei mir eintreten sehen; was wird sie sagen?"

Ich war mehr tot als lebendig.

"Ja, sie ist's", sagte die Oberin in zornigem Tone. "Sie ist's, ich zweifle nicht daran, doch sie soll noch lange Zeit an ihre Tollkühnheit denken."

"Ach, teure Mutter," entgegnete ich ihr, "thun Sie ihr nichts zu leide!"

"Susanne," flüsterte sie mir zu, "leben Sie wohl. Legen Sie sich wieder nieder, schlafen Sie, ich dispensiere Sie vom Morgengebet. Ich gehe zu dieser kecken Person, reichen Sie mir Ihre Hand."

Ich reichte sie ihr von einem Rand des Bettes zum andern, sie hob den Ärmel, der meinen Arm bedeckte, auf, küßte ihn seufzend der Länge nach von den Fingerspitzen bis zur Schulter und verließ mich mit der Erklärung, die Tollkühne, die sie zu stören gewagt, solle dafür büßen. Sofort eilte ich nach der Thür und lauschte, und sie trat wirklich in die Zelle der Schwester Therese. Ich fühlte mich versucht, aufzustehen und dazwischen zu treten, falls die Szene heftig werden sollte, doch ich war so verwirrt und fühlte mich so unbehaglich, daß ich es vorzog, im Bett zu bleiben.

Am nächsten Morgen hatte ich große Lust, die mir gegebene Erlaubnis zu benutzen und im Bette liegen zu bleiben; doch es fiel mir ein, es wäre besser, das lieber nicht zu thun. Ich kleidete mich sehr schnell an und stellte mich als die erste im Chor ein; die Oberin und Schwester Therese erschienen nicht, was mir sehr angenehm war; doch kaum war der Gottesdienst beendet, als die Oberin mich holen ließ. Ich ging zu ihr, sie lag noch im Bett, sah sehr niedergeschlagen aus und sagte:

"Ich habe viel ausgestanden und gar nicht geschlafen, die Schwester Therese ist toll; wenn das noch einmal vorkommt, werde ich sie einsperren."

"Oh, teure Mutter," erwiderte ich, "thun Sie das nicht!"

"Das wird von ihrem Betragen abhängen. Und Sie, teure Susanne, wie befinden Sie sich?"

"Gut, liebe Mutter."

"Haben Sie ein wenig geruht?"

"Sehr wenig!"

"Man hat mir gesagt, Sie wären im Chor gewesen; warum sind Sie nicht in Ihrem Bette geblieben?"

"Ich hätte mich dort nicht wohl gefühlt; und dann habe ich geglaubt, es wäre auch besser."

"Nein, es hätte nichts geschadet; doch ich fühle einige Neigung zum Schlafen und rate Ihnen, es in Ihrer Zelle ebenso zu machen, wenn Sie sich nicht neben mich niederlegen wollen."

"Teure Mutter, ich bin Ihnen unendlich dankbar; doch ich habe die Gewohnheit, allein zu schlafen, und wäre mit einer anderen nicht dazu imstande."

"So gehen Sie denn, ich werde zum Essen nicht ins Refektorium kommen, man soll mir hier auftragen; vielleicht werde ich den Tag über nicht aufstehen. Sie werden mit einigen andern zu mir kommen, die ich habe rufen lassen."

"Wird Schwester Therese auch dabei sein?" fragte ich sie.

"Nein," erhielt ich zur Antwort, und verließ sie, um mich auszuruhen.

117

Am Nachmittag begab ich mich zur Oberin, wo ich eine ziemlich große Gesellschaft der hübschesten und jüngsten Nonnen des Klosters vorfand; die andern hatten bereits ihren Besuch gemacht und sich zurückgezogen. Ich saß auf dem Rand ihres Bettes, ohne irgend etwas zu thun; eine andere saß in einem Sessel mit einem kleinen Stickrahmen auf den Knieen, andere saßen an den Fenstern, machten Spitzenklöppeleien, wieder andere nähten, stickten oder setzten das Spinnrad in Bewegung. Die einen waren blond, andere brünett, keine sah der andern ähnlich, obwohl sie alle schön waren. Die Oberin blickte alle aufmerksam an, sie warf der einen ihren allzu großen Fleiß, der andern ihre Trägheit vor, jener machte sie ihre Gleichgültigkeit, dieser wieder ihre Traurigkeit zum Vorwurf, ließ sich die Arbeit bringen, lobte und tadelte sie und verteilte so an eine jede leichte Vorwürfe oder leichte Liebkosungen.

Während sie so beschäftigt war, hörte ich leise an die Thür klopfen und ging, um nachzusehen, während die Oberin mir nachrief:

"Schwester Susanne, Sie werden doch wiederkommen?"

"Ja, liebe Mutter,"

"Kommen Sie ja wieder, denn ich habe Ihnen etwas Wichtiges mitzuteilen."

"Gewiß, gewiß."

Es war die arme Schwester Therese. Sie blieb eine Weile sprachlos, und ich sagte zu ihr:

"Liebe Schwester, wollen Sie etwas von mir?"

"Ja."

"Worin kann ich Ihnen dienen?"

"Das will ich Ihnen sagen; ich habe mir die Ungnade unserer teuren Mutter zugezogen, ich glaubte, sie hätte mir verziehen und hatte einigen Grund zu dieser Annahme; indessen sind Sie alle bei ihr versammelt, und ich bin nicht dabei und habe Befehl erhalten, in meiner Zelle zu bleiben."

"Sie möchten gern hereinkommen?"

"Ja!"

"Warten Sie, teure Freundin, ich gehe zu ihr."

"Sie wollen wirklich für mich sprechen?"

"Gewiß!"

"Oh," rief sie, mich zärtlich anblickend, "ich verzeihe ihr die Zuneigung, die sie für Sie hegt; Sie besitzen alle Reize, die schönste Seele und den schönsten Körper."

Ich war entzückt, daß ich ihr den kleinen Dienst erweisen konnte und ging wieder hinein; dann neigte ich mich sanft zu der Oberin, die sich ein wenig auf ihrem Kopfkissen aufgerichtet hatte, schwieg, sah sie aber dabei mit einem Blicke an, als ob ich eine Gunst von ihr zu fordern hätte.

"Nun," sagte sie zu mir, "was giebt es denn? Sprechen Sie, was wollen Sie, kann ich Ihnen denn etwas verweigern?"

"Die Schwester Therese ..."

"Ich verstehe; ich bin sehr unzufrieden mit ihr, doch Schwester Susanne spricht für sie; und ich verzeihe ihr, Sagen Sie ihr, daß Sie eintreten darf."

Ich eilte zur Thür; die arme kleine Schwester wartete vor derselben, und ich forderte sie auf, näherzutreten.

Zitternd that sie es, hielt die Augen gesenkt und hatte einen langen Streifen Mousseline in der Hand, der ihr bei den ersten Schritten aus den Händen fiel; ich hob ihn auf, nahm sie unter den Arm und führte sie zur Oberin.

Sie warf sich zur Erde, erfaßte eine ihrer Hände, die sie seufzend küßte, während sie eine Thräne vergoß, dann bemächtigte sie sich einer der meinigen, die sie in die der Oberin legte und ebenfalls küßte. Die Oberin gab ihr ein Zeichen, sich zu erheben und sich irgend wohin zu setzen; sie gehorchte. Man trug einen Imbiß auf, die Oberin verließ das Bett, doch setzte sie sich nicht zu uns, sondern ging um den Tisch herum, legte bald der einen, bald der andern ihre Hand auf den Kopf, bog sie sacht zurück, küßte ihr die Stirn, hob wieder einer andern das Halstuch in die Höhe, legte ihre Hand darauf und blieb auf die Lehne gestützt stehen; dann ging sie zu einer dritten, ließ eine ihrer Hände auf ihr ruhen, oder legte sie ihr auf den Mund; kostete ein wenig von den Speisen, die man aufgetragen hatte und gab bald dieser, bald jener davon. Als das Mahl beendet war, setzte ich mich an das Klavier und begleitete zwei Schwestern, welche ohne Methode, doch geschmackvoll, richtig und angenehm sangen. Auch ich sang und begleitete mich dazu. Die Oberin saß am Klavier, und es schien ihr das größte Vergnügen zu bereiten, mir zuzuhören. Die andern lauschten stehend oder hatten sich an ihre Arbeit gemacht.

Endlich zogen sich alle zurück, und auch ich wollte mit den andern gehen, als die Oberin mich zurückhielt, indem sie sagte:

"Wieviel Uhr ist es?"

"Bald sechs Uhr."

"Es werden gleich einige von unsern Rechtsbeiständen kommen, ich habe über das, was Sie mir über Ihren Aufenthalt in Longchamp gesagt, nachgedacht, habe ihnen meine Ideen mitgeteilt, sie haben dieselben gebilligt, und wir haben Ihnen einen Vorschlag zu machen. Dieser Plan muß uns gelingen, und wenn dies der Fall ist, so wird dabei ein kleiner Nutzen für unser Haus und auch ein Geschenk für Sie abfallen."

Um sechs Uhr erschienen die Rechtsbeistände, ich erhob mich, sie setzten sich, und die Oberin sagte:

"Schwester Susanne, haben Sie mir nicht mitgeteilt, daß Sie dem Wohlwollen des Herrn Manouri die Ausstattung verdanken, die Sie hier erhalten haben?"

"Ja, teure Mutter!"

"Ich habe mich also nicht getäuscht; die Schwestern in Longchamp sind im Besitz der Mitgift geblieben, die Sie bei Ihrem Eintritt eingezahlt?"

"Ja, teure Mutter!"

"Sie haben Ihnen nichts zurückgezahlt?"

"Nein, teure Mutter."

"Das ist nicht gerecht, ich habe es unseren Rechtsbeiständen mitgeteilt, und sie denken wie ich, daß Sie das Recht haben, gegen sie zu klagen, daß Ihnen entweder Ihre Ausstattung zum Vorteil unseres Hauses zurückerstattet wird, oder daß man Ihnen eine Rente aussetze. Deshalb haben wir Ihnen folgende Vorschläge zu machen; wir werden den Prozeß in Ihrem Namen gegen das Haus in Longchamp führen, wir werden die Kosten tragen, und wenn wir gewinnen, wird das Haus die Hälfte des Kapitals oder der Rente erhalten. Was meinen Sie dazu, teure Schwester? .... Sie antworten ja nicht, Sie träumen."

"Ich denke daran", versetzte ich, "daß die Schwestern in Longchamp mir viel Böses angethan haben, und ich wäre höchst unglücklich, wenn sie sich einbilden würden, ich wollte mich rächen."

"Es handelt sich nicht um Rache, es handelt sich nur darum, das wieder zu erlangen, was Ihnen gehört."

"So soll ich mich noch einmal dem Gerede der Welt aussetzen?"

"Das ist die kleinste Unannehmlichkeit; es wird von Ihnen fast gar nicht die Rede sein. Dann ist unsere Gemeinde auch arm und die von Longchamp reich. Sie werden unsere Wohlthäterin sein, so lange Sie leben. Doch wir bedürfen ja dieses Grundes nicht, um uns für Sie zu interessieren, denn wir lieben Sie alle ...."

"Liebe Mutter", sagte ich zu ihr, "Ihre Gründe sind nicht zu verwerfen, doch ich bitte Sie nur um eins: nichts zu beginnen, bevor Sie nicht in meiner Gegenwart mit Herrn Manouri darüber konferiert haben."

"Damit bin ich einverstanden; wollen Sie ihm selbst schreiben?"

"Gewiß!"

"Schreiben Sie ihm, um nicht zweimal darauf zurückzukommen; ich liebe derlei Geschäfte nicht, denn sie langweilen mich zum Sterben, schreiben Sie ihm daher gleich."

Man gab mir Tinte, Feder, Papier, und ich bat auf der Stelle Herrn Manouri, sich nach Arpajon zu begeben. Das versammelte Konzil las den Brief, billigte ihn, und er wurde abgeschickt.

Herr Manouri kam einige Tage darauf, und die Oberin setzte ihm auseinander, um was es sich handelte; er schwankte keinen Augenblick, ihrer Ansicht beizutreten; man nannte meine Skrupel Lächerlichkeiten, und es wurde beschlossen, den Prozeß gegen die Nonnen von Longchamp schon am nächsten Tage anzustrengen. Es geschah, und trotz meines Widerwillens erschien mein Name von neuem in Denkschriften, in öffentlichen Gerichtsverhandlungen, und zwar mit Einzelheiten, Vermutungen, Lügen und allen möglichen Anschwärzungen, die ein Geschöpf in den Augen seiner Richter in schlechtem Lichte und in denen der Öffentlichkeit verhaßt erscheinen lassen. Man hatte die Aufmerksamkeit, mehreren Nonnen unseres Hauses die Schriftstücke zuzusenden, die man gegen mich veröffentlichte. Jeden Augenblick fragten sie mich nach den Einzelheiten entsetzlicher Ereignisse, an denen auch nicht das geringste wahr war. Je größere Unwissenheit ich zeigte, für desto schuldiger hielt man mich; man zuckte über meine Unschuld die Achseln; ich weinte und war untröstlich.

Doch ein Unglück kommt nie allein. Es rückte die Zeit heran, da wir zur Beichte gehen mußten. Ich hatte bereits die ersten Liebkosungen gebeichtet, die die Oberin mir erwiesen hatte; und der Beichtiger hatte mir ausdrücklich verboten, mich ferner dazu herzugeben.

Dieser Beichtiger ist ein Franziskaner, heißt Pater Lemoine und ist höchstens 45 Jahre alt. Dieser Mann besitzt eines der schönsten Gesichter von der Welt; dasselbe ist sanft, heiter, offen, angenehm, wenn er sich nicht seinen Betrachtungen überläßt; doch wenn er grübelt, ziehen sich Runzeln in seine Stirn, seine Augen senken sich, und seine Haltung wird streng. Der Pater Lemoine ist groß, wohlgebaut, heiter und sehr liebenswürdig, wenn er sich gehen läßt, er spricht wunderbar, erfreut sich im Hause des Rufes eines großen Theologen und wird von der Gesellschaft für einen bedeutenden Prediger gehalten.

Das Gespräch mit ihm ist zum Entzücken. Es ist ein sehr unterrichteter Mann, und er besitzt Kenntnisse, die seinem Stande sonst fremd sind, er hat die schönste Stimme von der Welt, versteht Musik, Geschichte und Sprachen und ist Doktor an der Sorbonne.

Es war am Tage vor Pfingsten, und er wurde erwartet. Ich war unruhig: die Oberin bemerkte es und sprach mit mir davon. Ich verbarg ihr den Grund meines Kummers keineswegs, sie erschien darüber noch unruhiger als ich, obwohl sie alles that, um ihre Aufregung vor mir zu verbergen. Sie nannte den Pater einen lächerlichen Menschen, machte sich über mich lustig und sagte:

"Nun, ich bin Ihre Oberin; Sie schulden mir Gehorsam, und ich befehle Ihnen, ihm nichts von diesen Dummheiten zu sagen; es ist nicht nötig, daß Sie zur Beichte gehen, wenn Sie nur solche Albernheiten zu berichten haben."

Inzwischen kam der Pater Lemoine, und ich bereitete mich auf die Beichte vor. Die Reihe kam gerade an mich, als die Oberin in meine Zelle trat und zu mir sagte:

"Schwester Susanne, ich habe über das, was Sie mir gesagt haben, nachgedacht Bleiben Sie in Ihrer Zelle, ich wünsche nicht, daß Sie heute zur Beichte gehen."

"Und weshalb, teure Mutter? Es ist heute ein großer Tag, der Tag der allgemeinen Kommunion; was soll man davon denken, wenn ich die einzige bin, die nicht an den Tisch des Herrn tritt?"

"Gleichviel; man mag sagen was man will; doch Sie werden nicht zur Beichte gehen."

"Teure Mutter, wenn es wirklich wahr ist, daß Sie mich lieben, so thun Sie mir das nicht an, ich bitte Sie darum." "Nein, nein, das ist nicht möglich, Sie würden irgend eine Dummheit anrichten, und das will ich nicht."

"Aber teure Mutter, ich würde ja nichts dergleichen thun."

"Versprechen Sie mir also, ... doch das ist nicht nötig. Sie werden morgen früh in mein Zimmer kommen und mir beichten; Sie haben sich nichts zu Schulden kommen lassen, wofür ich Ihnen nicht Absolution erteilen könnte und werden mit den andern dann das Abendmahl nehmen."

Ich zog mich zurück und blieb traurig und unruhig in meiner Zelle. Als ich zurückkam, hatte sie bereits gebeichtet, und der Pater Lemoine hatte sie gefragt, warum er mich nicht bemerkt hätte, ob ich krank wäre; ich weiß nicht, was sie ihm geantwortet hatte, doch das Ende war, daß er mich im Beichtstuhl erwartete.

"Gehen Sie also, da es sein muß; doch versprechen Sie mir, daß Sie schweigen werden."

Ich zögerte, dann aber verpflichtete ich mich, nichts zu sagen, wenn er mich nicht fragte, und ging. Ich beichtete und verschwieg die Vorfälle mit der Oberin, doch der Beichtvater fragte mich, und ich verhehlte ihm nun nichts. Er behandelte mich nachsichtig, sprach sich über die Oberin in Ausdrücken aus, die mich erbeben ließen, er nannte sie unwürdig, ausschweifend, eine gefährliche Nonne und eine verdorbene Seele, auch ersuchte er mich bei Strafe der Todsünde, nie mehr mit ihr allein zu bleiben und keine ihrer Liebkosungen zu dulden.

"Aber, mein Vater," erwiderte ich, "sie ist doch meine Oberin; sie kann in meine Zelle treten und mich zu sich rufen, wann es ihr beliebt."

"Das weiß ich, das weiß ich, und bin untröstlich darüber. Gelobt sei Gott, der Sie bis jetzt behütet hat! Ohne mich deutlicher Ihnen gegenüber auszusprechen, befehle ich Ihnen, Ihre Oberin zu fliehen, nie allein in ihre Zelle zu gehen, ihr Ihre Thür nachts zu verschließen, aus Ihrem Bette zu springen, wenn sie wider Ihren Willen bei Ihnen eintritt, in den Corridor zu gehen, zu schreien, wenn es sein muß, selbst nackt bis an den Fuß der Altäre zu eilen, das Haus mit Ihrem Geschrei zu erfüllen, und alles zu thun, was die Liebe zu Gott, die Furcht vor dem Verbrechen, die Heiligkeit Ihres Standes und das Interesse für Ihr Seelenheil Ihnen eingeben werden. Wenn diese Unglückliche Sie fragt, so sagen Sie ihr alles, wiederholen Sie ihr meine Rede, sagen Sie ihr, daß es besser wäre, sie wäre nie geboren oder sie solle allein durch einen gewaltsamen Tod in die Hölle stürzen."

Er schwieg, sah mich mit zärtlicher und gerührter Miene an und fuhr dann fort:

"Haben Sie eine kräftige Gesundheit?"

"Ja, mein Vater!"

"Wäre es Ihnen nicht allzu unbequem, eine Nacht ohne Schlaf zu verbringen?"

"Nein, mein Vater."

"Nun wohl, so werden Sie sich in dieser Nacht nicht schlafen legen; sofort nach dem Abendessen werden Sie in die Kirche gehen, sich am Fuße der Altäre niederwerfen, und die Nacht im Gebet verbringen. Sie wissen nicht, in welcher Gefahr Sie geschwebt haben, werden Gott dafür danken, daß er Sie davor bewahrt hat und morgen mit allen andern Nonnen an den Tisch des Herrn treten. Gehen Sie, ich meinerseits werde meine Gebete mit den Ihrigen vereinigen."

Ich befolgte pünktlich, was er mir befohlen hatte, und als ich den Beichtstuhl verließ, warf ich mich am Fuße der Altäre nieder; der Kopf war mir vor Entsetzen ganz wirr, und ich blieb bis zur Abendmahlzeit liegen. Die Oberin, die sich beunruhigte, was wohl aus mir geworden sein möchte, hatte mich rufen lassen; doch man hatte ihr geantwortet, ich läge im Gebet. Sie hatte sich mehrere Male an der Thür des Chores gezeigt, doch ich that, als bemerke ich sie nicht. Die Stunde des Abendessens schlug, ich begab mich in das Refektorium, aß in aller Hast, und als das Mahl beendet war, kehrte ich sogleich in die Kirche zurück; bei der Abenderholung erschien ich nicht; und auch zur Stunde, da man sich zurückzog und zu Bette legte, kam ich nicht herauf. Die Nacht war schon weit vorgeschritten, das ganze Haus lag in tiefem Schweigen, als die Oberin zu mir herunterkam. Sie fiel auf die Kniee und sagte, nachdem sie einige Zeit gebetet hatte, zu mir:

"Schwester Susanne, was thun Sie hier?"

"Madame, das sehen Sie ja."

"Wissen Sie, wie spät es ist?"

"Ja, Madame."

"Warum sind Sie nicht, als die Stunde der Ruhe schlug, zu Bett gegangen?"

"Weil ich mich auf die Feier des morgigen Tages vorbereiten wollte."

"Ihre Absicht war also, hier die Nacht zu verbringen?"

"Ja, Madame."

"Und wer hat Ihnen das erlaubt?"

"Der Beichtvater hat es mir befohlen."

"Der Beichtvater hat nichts gegen die Regel des Hauses zu befehlen; und ich gebiete Ihnen, sich schlafen zu legen."

"Madame, das ist die Buße, die er mir auferlegt hat."

"Sie werden sie durch andere Werke ersetzen."

"Das steht nicht in meiner Wahl."

"Kommen Sie, mein Kind, kommen Sie. Die Nachtkühle in der Kirche wird Ihnen schaden. Sie werden in Ihrer Zelle beten!"

Bei diesen Worten wollte sie mich bei der Hand ergreifen, doch ich entfernte mich schnell.

"Sie fliehen mich?"

"Ja, Madame, ich fliehe Sie!"

Während ich mich noch weiter entfernte, blieb sie an ihrem Platze und sagte, während sie zärtlich die Arme nach mir ausstreckte, in ihrem rührendsten und sanftesten Tone:

"Was haben Sie denn? Woher kommt dieses Entsetzen? Bleiben Sie stehen, ich bin doch nicht Satan; ich bin Ihre Oberin und Ihre Freundin."

Ich blieb stehen und warf mich dann in einen Chorstuhl. Sie trat näher und setzte sich in den Nebenstuhl, als ich aufstand und in dem folgenden Stuhle Platz nahm.

So wanderte ich von Stuhl zu Stuhl, bis zum letzten hier blieb ich stehen und beschwor sie, einen leeren Platz zwischen sich und mir zu lassen.

"Das will ich gern," versetzte sie, und wir setzten uns alle beide; ein Stuhl trennte uns. Nun ergriff die Oberin das Wort und sagte:

"Dürfte man von Ihnen erfahren, Schwester Susanne, woher das Entsetzen kommt, das meine Anwesenheit Ihnen verursacht?"

"Teure Mutter," versetzte ich, "verzeihen Sie mir; nicht ich trage die Schuld, sondern der Pater Lemoine, er hat mir die Zärtlichkeit, die Sie für mich hegen, die Liebkosungen, die Sie mir erweisen, unter den schrecklichsten Farben geschildert. Er hat mir befohlen, Sie zu fliehen, nicht mehr in Ihre Zelle allein einzutreten und die meinige zu verlassen, wenn Sie dort hinkämen. Was weiß ich, was er mir nicht alles gesagt!"

"Sie haben also mit ihm gesprochen?"

"Nein, teure Mutter, doch ich habe mich nicht enthalten können, ihm zu antworten."

"Ich bin also eine recht gräßliche Person in Ihren Augen?"

"Oh nein, teure Mutter, doch ich muß meinem Beichtiger gehorchen,"

"Sie werden mich also nicht mehr besuchen?"

"Nein, liebe Mutter."

"Und werden mich nicht mehr bei sich empfangen?"

"Nein, liebe Mutter."

"Sie werden meine Liebkosungen zurückweisen?"

"So schwer es mir auch fallen wird, doch es muß sein. Ich habe es meinem Beichtiger versprochen und den Eid am Fuße der Altäre geleistet."

"So gehen Sie denn," sagte sie zu mir, "Ihr Pater Lemoine sieht Gespenster. Das ist nicht die erste Unannehmlichkeit dieser Art, die er mir bereitet hat, doch die Sache fängt an, mich zu langweilen, und ich werde mich von diesem Manne befreien; aber davon wollen wir später sprechen. Sie wollen also nicht mit hinaufkommen?"

"Nein, liebe Mutter, ich bitte Sie um die Erlaubnis, die Nacht hier verbleiben zu dürfen. Wenn ich diese Pflicht versäumte, so würde ich morgen nicht wagen, mit der übrigen Klostergemeinde an den Tisch des Herrn zu treten. Doch Sie, teure Mutter, werden Sie beichten?"

"Gewiß."

"Der Pater Lemoine hat Ihnen also nichts gesagt?"

"Nein!"

"Aber wie kommt das?"

"Er war gar nicht in der Lage, mit mir zu sprechen. Man geht nur zur Beichte, um sich seiner Sünden anzuklagen; ich aber sehe keine Sünde darin, ein so liebenswürdiges Kind wie Sie, Susanne, zärtlich zu lieben. Ich versuche, alle meine Nonnen glücklich zu machen; doch es giebt einige, die ich mehr liebe und achte, als andere, weil sie liebenswürdiger und achtenswerter sind. Das ist mein ganzes Verbrechen, das ich Ihnen gegenüber begangen habe, finden Sie es so groß, teure Schwester Susanne?"

"Nein, teure Mutter."

"Nun, liebes Kind, so wollen wir noch jede ein kleines Gebet verrichten und uns dann zurückziehen."

Ich bat sie von neuem um die Erlaubnis, die Nacht in der Kirche zu verbringen; sie willigte ein und zog sich dann zurück.

Am Morgen, als die Nonnen in den Chor kamen, fanden sie mich an meinem Platze. Sie näherten sich alle dem heiligen Tisch, und die Oberin an ihrer Spitze, was mich vollends von ihrer Unschuld überzeugte, ohne mich jedoch meinem Entschlusse abwendig zu machen. Dann empfand ich auch nicht die Zuneigung für sie, die sie für mich hegte. Ich konnte nicht umhin, sie mit meiner ersten Oberin zu vergleichen. Welch ein Unterschied! Das war nicht dieselbe Frömmigkeit, noch derselbe Ernst, noch dieselbe Würde, noch derselbe Geist, noch derselbe Eifer, noch derselbe Ordnungssinn.

In den nächsten Tagen trugen sich zwei bedeutende Ereignisse zu; erstens gewann ich meinen Prozeß gegen die Nonnen von Longchamp, sie wurden verurteilt, dem Hause Sainte-Eutrope, in dem ich mich befand, eine im Verhältnis zu meiner Ausstattung stehende Rente zu zahlen; zweitens wurde der Beichtvater gewechselt, und das letztere teilte mir die Oberin selbst mit.

Indessen ging ich nur noch in Begleitung zu ihr, und auch sie suchte mich nicht mehr allein auf. Sie suchte mich stets, doch ich wich ihr aus; sie bemerkte es wohl und machte mir Vorwürfe darüber. Ich weiß nicht, was in dieser Seele vorging, doch es mußte etwas ganz Außergewöhnliches sein. Sie erhob sich in der Nacht, ging in den Gängen, besonders in dem meinigen auf und nieder; ich hörte sie hin- und herschreiten, an meiner Thür stehen bleiben, seufzen und klagen; ich zitterte und vergrub mich in mein Bett. Sie belauschte alle meine Schritte; wenn ich hinunter kam, fand ich sie auf den untersten Stufen; und wenn ich hinaufging, erwartete sie mich oben.

Eines Tages hielt sie mich an und begann mich anzublicken, ohne ein Wort zu sprechen; Thränen flossen reichlich aus ihren Augen, dann warf sie sich plötzlich zur Erde, drückte meine Kniee mit beiden Händen und sagte:

"Grausame Schwester, verlange mein Leben; ich will es dir geben, doch weiche mir nicht aus; ich kann ohne dich nicht mehr leben."

Ihr Zustand flößte mir Mitleid ein, ihre Augen waren erloschen, auch hatte sie ihre Körperfülle und ihre schönen Farben verloren. Ich streckte ihr die Hände entgegen, sie drückte sie leidenschaftlich, küßte sie und blickte mich dann wieder an. Ich hob sie auf, sie wankte, konnte kaum gehen, und ich geleitete sie nach ihrer Zelle. Als ihre Thür offen stand, ergriff sie mich bei der Hand und zog mich sacht an sich, um mich zum Eintritt zu zwingen, ohne mich aber anzusehen oder mit mir zu sprechen.

"Nein," sagte ich, "nein, liebe Mutter; ich habe es mir vorgenommen, es ist besser für Sie und für mich; ich nehme einen zu großen Platz in Ihrer Seele ein."

"Ist es Ihre Aufgabe, mir das zum Vorwurf zu machen?"

Ich versuchte, während ich zu ihr sprach, meine Hand aus der ihrigen loszumachen, und sie fragte:

"Sie wollen also nicht zu mir hereinkommen?"

"Nein, liebe Mutter, nein."

"Sie wollen es nicht, Schwester Susanne? Sie wissen nicht, was daraus erwachsen kann; nein. Sie wissen es nicht; ich werde darüber sterben."

Die letzten Worte flößten mir ein Gefühl ein, das dem, das sie hervorbringen sollten, ganz entgegengesetzt war; ich zog heftig meine Hand zurück, entfloh und schloß mich in meine Zelle ein, fühlte mich aber dort sehr unbehaglich, ich wußte nicht, womit ich mich beschäftigen sollte, ging zerstreut einige Male hin und her, verließ die Zelle, ging wieder hinein und klopfte schließlich an die Thür der Schwester Therese, meiner Nachbarin. Sie war in vertraulicher Unterredung mit einer anderen Nonne begriffen, und ich sagte ihr:

"Teure Schwester, es thut mir leid, daß ich Sie unterbreche, doch ich bitte Sie, mich einen Augenblick anzuhören; ich hätte Ihnen ein Wort zu sagen."

Sie folgte mir in meine Zelle, und ich sprach:

"Ich weiß nicht, was unsere Mutter Oberin hat, sie ist in großer Verzweiflung; wenn Sie sie aufsuchen würden, vielleicht könnten Sie sie trösten."

Sie antwortete mir nicht, ließ ihre Freundin in ihrer Zelle, schloß ihre Thür und eilte zu unserer Oberin.

Indessen wurde das Leiden dieser Frau von Tag zu Tag schlimmer. Sie wurde schwermütig und ernst; die Fröhlichkeit, die seit meinem Eintritt in dieses Haus nicht aufgehört, verschwand plötzlich, alles sank wieder in die strenge Ordnung zurück, der Gottesdienst wurde mit angemessener Würde abgehalten; die Fremden wurden von dem Sprechzimmer fast ganz ausgeschlossen, es wurde den Nonnen verboten, miteinander zu verkehren; die Religionsübungen wurden mit der gewissenhaftesten Pünktlichkeit ausgeführt, es fanden keine Versammlungen bei der Oberin mehr statt, die leichtesten Vergehen wurden streng bestraft: man wandte sich manchmal wohl noch an mich, um Verzeihung zu erlangen, doch ich weigerte mich standhaft, darum zu bitten.

Diese Oberin, deren Leiden ich nicht mildern konnte, die ich aber dennoch beklagte, ging nach und nach von der Schwermut zur Frömmigkeit und von der Frömmigkeit zum Wahnsinn über. Man kann sich schwer das unruhige Leben vorstellen, das wir führten; der Tag verging damit, daß man seine Zelle verließ und sie wieder betrat, sein Gebetbuch ergriff, es wieder hinlegte, hinauf- und hinunterging, den Schleier abnahm und ihn wieder anlegte. Die Nacht war fast ebenso unruhig wie der Tag.

Die Oberin ging nachts nicht mehr aus ihrer Zelle, sondern verbrachte ganze Wochen, ohne sich beim Gottesdienst oder im Chor oder im Refektorium oder bei der Erholung zu zeigen, sie blieb in ihrem Zimmer eingeschlossen, irrte in den Korridoren herum oder ging in die Kirche hinunter, sie klopfte an die Thüren der Nonnen und sagte zu ihnen mit klagender Stimme:

"Schwester, beten Sie für mich, Schwester, beten Sie für mich."

Es verbreitete sich das Gerücht, sie wolle eine Generalbeichte ablegen.

Eines Tages, als ich als erste in die Kirche kam, sah ich ein Papier an den Vorhang des Gitters geheftet; ich trat näher und las:

"Teure Schwestern, ihr werdet aufgefordert, für eine Nonne zu beten, die ihre Pflichten vergessen hat und zu Gott zurückkehren will ...."

Ich fühlte mich versucht, ihn abzureißen, unterließ es jedoch .... Einige Tage später befand sich an derselben Stelle ein anderer Zettel, auf dem die Worte standen:

"Teure Schwestern, ihr werdet aufgefordert, das Mitleid Gottes für eine Nonne anzuflehen, die ihre Verirrungen erkannt hat; dieselben sind groß ...."

An einem anderen Tage hing wieder eine andere Aufforderung, welche besagte:

"Teure Schwestern, ihr werdet gebeten, Gott anzuflehen, die Verzweiflung von einer Nonne fern zu halten, die alles Vertrauen auf das himmlische Mitleid verloren hat."

Die arme Oberin zeigte sich jetzt nur noch mit herabgelassenem Schleier; kümmerte sich gar nicht mehr um die Angelegenheiten des Hauses, sprach zu niemandem, und hatte häufige Besprechungen mit dem neuen Beichtvater. Derselbe war ein junger Benediktiner. Ich weiß nicht, ob er ihr alle die Bußen auferlegt hatte, denen sie sich unterzog; denn sie fastete dreimal in der Woche, kasteite sich und hörte den Gottesdienst in den unteren Chorstühlen an. Wir mußten an ihrer Thür vorüber, wenn wir zur Kirche gingen; dort fanden wir sie, mit dem Gesicht zur Erde, am Boden liegend, und sie erhob sich erst dann, wenn niemand mehr da war. In der Nacht ging sie im Hemd barfuß hinunter. Wenn Schwester Therese und ich sie zufällig trafen, drehte sie sich um und drückte das Gesicht an die Wand. Eines Tages, als ich meine Zelle verließ, fand ich sie an der Erde liegend, mit ausgestreckten Armen, das Gesicht auf den Boden gepreßt, und sie sagte zu mir:

"Kommen Sie näher, treten Sie mich mit Füßen; ich verdiene keine andere Behandlung."

Während diese Krankheit ganze Monate dauerte, hatte die übrige Klostergemeinde Zeit zu leiden und Widerwillen gegen mich zu fassen. Ich fühlte nach und nach den Ekel gegen meinen Beruf wieder aufs neue erwachen, und schüttete mein Herz dem neuen Beichtiger aus. Er heißt *Dom Morel,* ist ein Mann von leidenschaftlichem Charakter und etwa vierzig Jahre alt. Er schien mich mit Aufmerksamkeit und Interesse anzuhören, wünschte die Ereignisse meines Lebens kennen zu lernen und ließ sich die kleinsten Einzelheiten über meine Familie, meine Neigungen, meinen Charakter, die Häuser, in denen ich gewesen war, das, in dem ich mich befand, sowie die Vorgänge zwischen der Oberin und mir erzählen. Ich verschwieg ihm nichts. Er schien dem Betragen der Oberin mir gegenüber nicht dieselbe Bedeutung beizulegen, wie der Pater Lemoine; was ihn am meisten berührte, waren meine geheimen Ansichten über das Klosterleben. Je mehr ich ihm mein Herz ausschüttete, desto größer ward auch sein Vertrauen: wenn ich ihm beichtete, so beichtete er auch mir; und was er von seinen Leiden erzählte, stimmte vollständig mit den meinen überein: auch er war wider seinen Willen in den geistlichen Stand getreten, ertrug seinen Beruf mit demselben Widerwillen und war kaum weniger zu beklagen als ich.

"Doch, teure Schwester," fügte er hinzu, "was sollen wir dagegen thun; es giebt nur ein Mittel: uns unsere Lage so wenig unangenehm, als möglich zu machen."

Dann gab er mir die nämlichen Ratschläge, die er selbst befolgt, sie waren sehr weise.

Einige Tage später kam er wieder. Ich sah ihn im Sprechzimmer und betrachtete ihn näher. Er vertraute mir vollends sein Leben an, ich erzählte ihm das meinige, eine Fülle von Umständen, die zwischen ihm und mir ebenso viele Berührungspunkte bildeten; er hatte fast dieselben religiösen und häuslichen Verfolgungen zu erleiden gehabt; seine Geschichte ist auch die meinige.

Als wir uns genügend über uns selbst unterhalten hatten, sprachen wir auch von anderen, besonders von der Oberin. Infolge seiner Eigenschaft als Beichtvater war er sehr zurückhaltend, doch ersah ich aus seinen Reden, daß die augenblickliche Gemütsverfassung dieser Frau nicht von langer Dauer sein würde; sie kämpfte gegen sich selbst an, doch vergeblich; von zwei Dingen würde eins eintreten, entweder würde sie bald wieder in ihre ersten Neigungen zurückfallen, oder den Verstand verlieren.

Ich war im höchsten Grade neugierig, mehr zu erfahren; er hätte mich wohl über manche Fragen aufklären können, die ich mir gestellt, und auf die ich nie eine Antwort gefunden, doch ich wagte nicht, ihn zu fragen, und erkundigte mich nur bei ihm, ob er den Pater Lemoine kenne.

"Ja," versetzte er, "er ist ein Mann von großem Verdienst."

"Er ist ganz plötzlich fortgeblieben,"

"Das ist wahr."

"Können Sie mir nicht sagen, woher das gekommen ist?"

"Es thäte mir leid, wenn es bekannt würde."

"Sie können sich auf meine Verschwiegenheit verlassen."

"Ich glaube, man hat gegen ihn an den Erzbischof geschrieben."

"Und was hat man von ihm behaupten können?"

"Daß er zu weit vom Hause entfernt wohne, daß man ihn nicht haben könne, wenn man wolle, daß er eine zu strenge Moral besäße, Zwietracht im Hause säe und den Geist der Nonnen ihrer Oberin abwendig mache."

"Und woher wissen Sie das?"

"Von ihm selbst."

"Sie kommen also mit ihm zusammen?"

"Ja. Er hat mir auch von Ihnen manchmal erzählt."

"Was hat er Ihnen von mir gesagt?"

"Daß Sie recht zu beklagen wären, daß er nicht begreifen könne, wie Sie allen Leiden, die Sie erduldet haben, widerstehen konnten, daß er, trotzdem er nur Gelegenheit gehabt, ein- oder zweimal mit Ihnen zu sprechen, nicht glaube, daß Sie sich je mit dem religiösen Leben befreunden würden, er war der Meinung ...." Hier hielt er plötzlich inne, und ich fragte:

"Welcher Meinung?"

"Das ist Sache eines zu besonderen Vertrauens," versetzte Morel, "als daß ich mich frei darüber aussprechen könnte."

Ich bestand nicht weiter darauf, sondern fügte nur hinzu:

"Allerdings hat mir der Pater Lemoine die Abneigung gegen meine Oberin eingeflößt."

"Darin hat er recht gethan."

"Weshalb?"

"Meine Schwester," erwiderte er mir, indem er eine ernste Miene annahm, "richten Sie sich nach meinen Ratschlägen, solange Sie leben."

"Ich verstehe Sie nicht."

"Um so besser!"

"Aber was können denn die Vertraulichkeit und Liebkosungen einer Frau für eine andere Frau Gefährliches an sich haben?"

Keine Antwort von seiten des Paters Morel.

"Bin ich nicht dieselbe, die ich war, als ich hier eintrat?"

Wieder keine Antwort von seiten Morels.

"Sollte ich nicht nach wie vor dieselbe geblieben sein? Wo ist denn das Übel, sich zu lieben, es sich zu sagen und zu beweisen; das ist doch so süß!"

"Das ist allerdings wahr," sagte Morel, die Augen auf mich richtend, die er, solange ich sprach, stets zu Boden schlug.

"Und das ist doch in den religiösen Häusern durchaus nicht so gewöhnlich! Meine arme Oberin! In welchen Zustand ist sie verfallen!"

"Es ist sehr bedenklich, und ich fürchte, er wird noch schlimmer. Sie war nicht für ihren Stand geschaffen; und nun tritt das ein, was früher oder später immer kommen muß, wenn man sich dem allgemeinen Triebe der Natur widersetzt, dieser Zwang treibt sie zu ausschweifenden Neigungen, die um so heftiger sind, je weniger sie berechtigt sind; es ist eine Art Wahnsinn."

"Sie ist wahnsinnig?"

"Ja, sie ist es und wird es noch mehr werden."

"Und Sie glauben, daß dieses Schicksal alle diejenigen erwartet, die in einen Stand eingetreten sind, zu dem sie sich nicht berufen fühlen?"

"Nein, nicht alle; manche sterben vorher: bei anderen fügt sich der Charakter schließlich; manche hegen Hoffnungen, die sie einige Zeit aufrecht erhalten."

"Doch welche Hoffnungen giebt es für eine Nonne?"

"Nun, daß sie zunächst ihre Gelübde auflösen lassen kann."

"Und wenn sie diese Hoffnung nicht mehr hegt?"

135

"Die, daß sie eines Tages offene Thüren finden wird, daß die Menschen nicht mehr junge Geschöpfe in Gräber einschließen werden, daß die Klöster abgeschafft werden, daß Feuer im Hause ausbrechen wird, daß die Mauern des Gefängnisses fallen werden, daß ihnen jemand zu Hilfe kommen wird."

"Das ist wahr, das ist wahr," rief ich, "Sie lesen im tiefsten Grunde meines Herzens; ich weiß es, ich habe mir die Illusionen gemacht und mache sie mir noch."

"Und wenn man sie endlich aufgiebt, indem man darüber nachdenkt, so sieht man erst die ganze Größe seines Elendes ein, man verabscheut sich selbst und die andern, man weint, man stöhnt, man schreit und fühlt, daß die Verzweiflung naht. Dann werfen sich die einen ihrer Oberin zu Füßen und suchen dort Trost; andere werfen sich auf die Knie in ihren Zellen oder am Fuße der Altäre nieder und flehen den Himmel um Beistand an; wieder andere zerreißen ihre Kleider und raufen sich die Haare aus; wieder andere suchen einen tiefen Brunnen oder hohe Fenster, einen Strick, und finden ihn auch manchmal; andere verfallen, nachdem sie sich lange gequält, in eine Art Stumpfsinn und bleiben blödsinnig; andere, welche schwache Organe haben, verzehren sich vor Sehnsucht; endlich giebt es auch solche, deren Organismus gestört wird und die tobsüchtig werden. Die glücklichsten sind diejenigen, in denen dieselben tröstlichen Illusionen immer aufs neue erstehen und sie bis zum Grabe einlullen; ihr ganzes Leben vergeht im Wechsel zwischen Irrtum und Zweifel."

"Und die Unglücklichsten," fügte ich, einen tiefen Seufzer ausstoßend, hinzu, "sind diejenigen, welche nacheinander alle diese Zustände empfinden. Ach, mein Vater, wie leid thut es mir, auf Sie gehört zu haben."

"Weshalb?"

"Ich kannte mich nicht, jetzt kenne ich mich. Meine Illusionen werden weniger lange Zeit andauern, denn in Augenblicken....."

Ich wollte fortfahren, als eine andere Nonne eintrat, dann eine zweite, eine dritte, eine vierte, eine fünfte, eine sechste, ich weiß selbst nicht mehr, wieviele. Die Unterhaltung wurde allgemein, und ich hatte mich inzwischen in einen Winkel zurückgezogen, wo ich mich einer tiefen Träumerei überließ. Plötzlich hörte man jemand mit leisen Schritten nahen, zeitweise stehen bleiben und Seufzer ausstoßen; wir horchten, und einige sagten mit leiser Stimme: "Sie ist es, unsere Oberin!" Sie war es in der That. Sie trat ein, ihr Schleier fiel bis zum Gürtel herab; ihre Arme waren über der Brust gekreuzt, und sie ließ den Kopf hängen. Ich war die erste, die sie bemerkte; in diesem Augenblick erhob sie unter dem Schleier eine ihrer Hände und bedeckte sich damit die Augen; dann wandte sie sich ein wenig zur Seite und gab uns ein Zeichen, daß wir uns alle entfernen sollten; wir gingen schweigend hinaus, und sie blieb mit Morel allein.

Als wir uns alle zurückgezogen hatten, stieg ich auf den Fußspitzen wieder hinauf und stellte mich leise an die Thür des Sprechzimmers, um zu horchen, was dort gesprochen würde. Das erste Wort, das ich nach einer ziemlich langen Pause hörte, ließ mich erzittern, es lautete:

"Mein Vater, ich bin verdammt!"

Ich beruhigte mich und horchte weiter; der Schleier, der mir bis dahin die Gefahr verhüllt, zerriß, als man mich rief; ich wollte fort und ging auch, doch ich hatte schon zuviel gehört.

(Hier werden die Denkwürdigkeiten der Schwester Susanne unterbrochen; was jetzt folgt, sind nur Andeutungen dessen, was sie anscheinend in dem Reste ihrer Erzählungen auszuführen beabsichtigte. Die Oberin scheint wahnsinnig geworden zu sein, und auf ihren unglückseligen Zustand beziehen sich auch die Bruchstücke, die ich noch mitteilen will.)

Nach dieser Beichte hatten wir einige Tage Ruhe. Die Freude kehrte wieder in die Gemeinde ein, und man machte mir darüber Komplimente, die ich mit Entrüstung zurückwies. Die Oberin floh mich nicht mehr, und betrachtete mich auch; meine Gegenwart schien sie nicht mehr zu beunruhigen. Ich bemühte mich, den Widerwillen zu verbergen, den sie mir einflößte, seit ich sie infolge einer glücklichen oder unglücklichen Neugier kennen gelernt hatte.

Bald wurde sie schweigsam, sagte nur noch ja oder nein, machte ihre Spaziergange allein, wies die Nahrung zurück, ihr Blut entzündete sich, das Fieber ergriff sie, und dem Fieber folgten Wahnsinnsphantasien. Allein in ihrem Bette liegend, sieht sie mich, spricht von mir, fordert mich auf, näher zu kommen und richtet die zärtlichsten Worte an mich. Wenn sie mich in der Nähe ihres Zimmers hört, ruft sie aus:

"Sie ist's; sie geht dort; es ist ihr Schritt; ich erkenne ihn; man rufe sie .... Nein, nein, laßt sie nur gehen."

In einer Nacht stieg sie allein in die Kirche hinunter, während einige unserer Schwestern ihr folgten; sie warf sich auf den Stufen des Altars nieder, fing an zu stöhnen, zu seufzen, ganz laut zu beten; dann verließ sie die Kirche, kehrte aber wieder um und sagte:

"Man hole sie, sie ist eine so reine Seele, ein so unschuldiges Geschöpf! Wenn sie ihre Bitten mit den meinigen vereinigte ...."

Dann richtete sie sich zu der ganzen Gemeinde und rief, sich an die leeren Stühle wendend:

"Entfernt Euch, entfernt Euch alle; sie allein soll bei mir bleiben. Ihr seid nicht würdig, mir zu nahen. Man entferne sich, man entferne sich!"

Dann ersuchte sie mich, den Himmel um Verzeihung und Beistand zu bitten. Sie sah Gott, der Himmel schien ihr mit Blitzen durchfurcht, sie glaubte, er öffne sich und grolle über ihrem Haupte, Engel stiegen zornerfüllt zu ihr hernieder, die Blicke der Gottheit ließen sie erbeben. Sie lief nach allen Seiten, versteckte sich in den dunkelsten Winkeln der Kirche, bat um Mitleid, drückte das Gesicht zur Erde und schlief in dieser Stellung. Die frische Kühle des Ortes hatte sich bei ihr bemerkbar gemacht, und man trug sie wie tot in ihre Zelle.

Von dieser schrecklichen Nachtscene hatte sie am nächsten Tage keine Ahnung, sondern sagte:

"Wo sind unsere Schwestern? Ich bin in diesem Hause allein geblieben; sie haben mich alle verlassen; auch Schwester Therese; sie haben recht daran gethan. Da Schwester Susanne nicht mehr da ist, so kann ich ausgehen, ich werde ihr nicht mehr begegnen . . . ach, wenn ich sie doch träfe; doch, nicht wahr, sie ist nicht mehr da? Glücklich das Haus, das sie besitzt! Sie wird ihrer neuen Oberin alles sagen; was wird sie von mir denken? ... Ist Schwester Therese tot? Ich habe die ganze Nacht die Totenglocke läuten hören .... Das arme Mädchen; sie ist auf ewig verloren, und ich auch, ich auch! Eines Tages werde ich ihr gegenüber treten; was soll ich ihr sagen? Wehe mir, wehe mir!"

Eines Morgens fand man sie mit nackten Füßen, im Hemde mit wirren Haaren, heulend, schäumend, in der Zelle hin- und herlaufend; sie hielt sich die Hände vor die Ohren, schloß die Augen und drückte den Körper dicht an die Wand.

"Entfernt Euch von diesem Abgrund; hört ihr das Geschrei? das ist die Hölle; aus diesem tiefen Schlünde lodern Feuerströme empor, die ich sehe; mitten aus den Flammen höre ich wirre Stimmen, die mich rufen .... mein Gott, habe Mitleid mit mir ... geht schnell, läutet, versammelt die Gemeinde, sagt, daß man für mich beten soll, ich werde ebenfalls beten ..."

Eine unserer Nonnen sagte zu ihr:

"Madame, Sie haben irgend einen Kummer, vertrauen Sie ihn mir, das wird Ihnen vielleicht Erleichterung verschaffen."

"Schwester Agathe, hören Sie, kommen Sie näher ... näher, noch näher, man darf uns nicht hören. Ich will alles enthüllen, alles; aber bewahren Sie Schweigen. – Sie haben sie gesehen?" ....

..Wen, Madame?"

"Nicht wahr, niemand besitzt dieselbe Anmut? Wie sie dahin schreitet, welcher Anstand, welcher Adel, welche Bescheidenheit! Gehen Sie zu ihr, sagen Sie ihr, doch nein, sagen Sie ihr nichts, bleiben Sie!"

"Madame, wie wäre es, wenn Sie Ihren Beichtvater um Rat fragten?"

"Ja, gewiß, ... ich weiß, was er mir sagen wird, ich habe es zu oft gehört, ... wovon sollte ich mit ihm sprechen? Rufen Sie den Beichtvater nicht; lieber wäre es mir, wenn man mir die Leidensgeschichte unseres

Herrn Jesu vorlesen würde, lesen Sie .... ich bin verloren, nehmt dieses Christusbild fort, ich bin verloren, gebt es mir wieder her ...."

Man brachte es ihr wieder hin, sie drückte es in ihre Arme, küßte es überall und fügte dann hinzu:

"Das sind ihre Augen, das ist ihr Mund; wann werde ich sie wiedersehen? – Schwester Agathe, sagen Sie ihr, daß ich sie liebe, schildern Sie ihr meinen Zustand, sagen Sie ihr, daß ich sterben werde!"

Sie wurde zur Ader gelassen, man ließ sie baden, doch ihre Leiden schienen durch diese Mittel nur noch stärker zu werden. Sie bohrte den Kopf wieder in ihr Bett, bedeckte den Kopf wieder mit ihrem Kissen und schrie: "Der Versucher ist da, – er ist's; welche seltsame Gestalt er angenommen hat! Nehmt Weihwasser, gießt Weihwasser über mich aus .... hört auf, hört auf, er ist nicht mehr da."

Bald darauf schloß man sie ein, doch ihr Gefängnis war nicht so gut behütet, daß es ihr nicht eines Tages gelungen wäre, daraus zu entfliehen. Sie hatte ihre Kleider zerrissen und durchlief vollständig nackt die Gänge, nur zwei zerrissene Stückenden hingen von ihren Armen herunter. "Ich bin Eure Oberin," schrie sie "Ihr habt alle das Gelübde abgelegt; man soll mir gehorchen; Ihr habt mich eingekerkert. Unglückselige; das ist die Belohnung für meine Güte ... Feuer, Mord, Diebe, zu Hilfe, zu Hilfe, Schwester Therese, zu Hilfe, Schwester Susanne!"

Inzwischen hatte man sie gefaßt und geleitete sie wieder in ihr Gefängnis, während sie sagte:

"Ihr habt recht, ihr habt recht, ich bin wahnsinnig geworden, ich fühle es."

Nachdem sie mehrere Monate in diesem beklagenswerten Zustande gelebt, starb sie. Welch ein Tod! Ich habe das schreckliche Bild der Verzweiflung und des Verbrechens in ihrer letzten Stunde gesehen; sie glaubte sich von höllischen Geistern umgeben, die auf ihre Seele warteten, um sich derselben zu bemächtigen, und dazu schrie sie mit erstickter Stimme:

"Sie sind da, sie sind da!" Mit diesen Worten hielt sie ihnen von rechts und links ein Christusbild hin und brüllte dazu: "Mein Gott, mein Gott!"

Die Schwester Therese folgte ihr bald, und wir bekamen eine neue Oberin, eine alte mürrische und abergläubische Person.

Man beschuldigte mich, meine Vorgängerin behext zu haben, die neue Oberin glaubte es, und mein Kummer begann von neuem. Der neue Beichtvater wird ebenfalls von seinen Vorgesetzten verfolgt und rät mir, aus dem Hause zu entfliehen.

Meine Flucht wird beschlossen, ich begebe mich zwischen 11 Uhr und Mitternacht in den Garten. Man wirft mir Stricke zu, ich binde dieselben um meinen Leib, und falle. Die Beine sind mir zerschunden, und an den Lenden verspüre ich eine heftige Quetschung. Ein zweiter und ein dritter Versuch bringt mich aus den oberen Rand der Mauer, und ich springe herunter.

Wie groß ist meine Überraschung! Anstatt eines Postwagens, in dem ich aufgenommen zu werden hoffte, fand ich nur eine schlechte Lohnkutsche ... Jetzt fahre ich mit einem jungen Benediktiner nach Paris. Bald bemerkte ich an dem unanständigen Tone, den er anschlug, und den Freiheiten, die er sich erlaubte, daß man keine der Bedingungen hielt, die verabredet waren; da sehnte ich mich denn nach meiner Zelle zurück und fühlte das ganze Entsetzen meiner Lage.

Ich komme nach Paris, der Wagen hält in einer kleinen Straße vor einer engen Thür, die in eine dunkle, schmutzige Gasse hinausführte. Die Hausfrau kommt mir entgegen und bringt mich im höchsten Stockwerk in einem kleinen Zimmer unter, wo ich gerade die notwendigsten Möbel vorfinde. Ich empfange die Besuche der Frau, die das erste Stockwerk bewohnte und zu mir sagte:

"Sie sind jung. Sie müssen sich langweilen, mein Fräulein; kommen Sie zu mir herunter. Sie werden dort gute Gesellschaft, Männer, sowie Frauen finden, die nicht alle ebenso liebenswürdig, doch fast alle so jung wie Sie sind. Man plaudert, man spielt, man singt und tanzt, wir verbinden alle Arten von Vergnügen miteinander. Wenn Sie allen unseren Kavalieren den Kopf verdrehen, so schwöre ich Ihnen, werden unsere Damen nicht eifersüchtig werden; kommen Sie also, mein Fräulein!" Die Frau, die so zu mir sprach, war schon etwas ältlich; sie hatte einen zärtlichen Blick, eine sanfte Stimme und eine einschmeichelnde Redeweise.

Ich verbringe etwa vierzehn Tage in diesem Hause, wo ich allen Zudringlichkeiten meines tückischen Verführers und allen lärmenden Scenen eines verdächtigen Ortes ausgesetzt bin, und wartete jeden Augenblick auf die Gelegenheit, aus demselben zu entfliehen.

Endlich fand ich diese Gelegenheit eines Tages. Die Nacht war bereits vorgerückt, und ich lief, ohne zu wissen, wohin ich mich wandte. Ich werde von Männern aufgehalten, und die Furcht ergreift mich; ohnmächtig vor Ermüdung falle ich auf der Schwelle eines Kerzenhändlers nieder, man kommt mir zu Hilfe, und als ich wieder zum Leben erwache, sehe ich mich auf einem ärmlichen Lager ausgestreckt, wo mich mehrere Personen umstehen. Man fragt mich, wer ich wäre, doch ich weiß nicht, was ich geantwortet habe. Man gab mir die Magd des Hauses mit, damit sie mich führen sollte, ich nehme ihren Arm, und wir machen uns auf den Weg. Wir hatten bereits eine größere Strecke zurückgelegt, als das Mädchen zu mir sagte:

"Mein Fräulein, Sie wissen doch, wohin wir gehen?"

"Nein, mein Kind; ins Hospital, glaube ich."

"Ins Hospital? haben Sie denn kein Obdach?"

"Leider, nein!"

"Was haben Sie denn gethan, daß man Sie zu dieser Stunde fortgejagt hat? Doch wir sind jetzt vor der Thür von St. Katharinen angelangt; sehen wir zu, ob man uns nicht öffnet, auf jeden Fall fürchten Sie nichts; Sie werden nicht auf der Straße bleiben, sondern bei mir schlafen."

Ich kehrte wieder zu dem Kerzenhändler zurück und brachte dort die Nacht zu. Am nächsten Abend kehrte ich nach St. Katharinen zurück, wo ich drei Tage blieb; nach Verlauf derselben teilte man mir mit, daß ich mich entweder in das allgemeine Hospital begeben oder die erste beste Stellung annehmen müsse, die sich bieten würde.

Ich trete in den Dienst einer Wäscherin, bei der ich noch jetzt bin. Ich nehme Wäsche an und plätte dieselbe: mein Tagewerk ist schwer; ich erhalte schlechte Nahrung, schlafe schlecht, wohne schlecht, werde dafür aber wenigstens menschlich behandelt. Der Mann ist Lohnkutscher, seine Frau ist heftig, aber sonst gut. Ich wäre mit meinem Schicksal zufrieden, wenn ich hoffen dürfte, mich desselben in Ruhe zu erfreuen.

Ich habe erfahren, daß die Polizei sich meines Verführers bemächtigt und ihn den Händen seiner Vorgesetzten wieder übergeben hat. Ein Gefängnis wird wohl für den Rest seines Lebens seine Wohnung werden, und das ist auch das Schicksal, welches mich erwartet, wenn ich wieder ergriffen werde; doch er wird wohl länger leben, als ich.

Der Schmerz meines Falles macht sich bemerkbar, meine Beine sind angeschwollen, und ich kann keinen Schritt thun, ich arbeite im Sitzen, denn es würde mir schwer werden, mich aufrecht zu halten. Meine Verwandten, die wohl nicht zweifeln, daß ich in Paris bin, stellen sicher alle möglichen Nachforschungen an. Ich hatte beschlossen, Herrn Manouri in meine Dachkammer rufen zu lassen, seinen Rat einzuholen und zu befolgen, doch er war nicht mehr am Leben. Ich lebe in beständiger Aufregung; beim geringsten Geräusch, das ich im Hause, auf der Straße, auf der Treppe vernehme, ergreift mich die Furcht, ich zittere wie Espenlaub, meine Knie versagen mir den Dienst, und die Arbeit fällt mir aus den Händen. Ich bringe fast die ganzen Nächte zu, ohne ein Auge zu schließen; wenn ich schlafe, so wird mein Schlummer fortwährend unterbrochen; ich rufe, ich schreie und begreife nicht, wie meine Umgebung noch nicht erraten hat, wer ich bin.

Meine Flucht scheint öffentlich bekannt zu sein, denn eine meiner Genossinnen sprach gestern davon. Zum Glück hing sie feuchte Wäsche auf Stricken auf, und wandte der Lampe den Rücken, so daß meine Verwirrung nicht bemerkt werden konnte. Dennoch sagte meine Herrin, welche gesehen hatte, daß ich weinte:

"Marie, was haben Sie?"

"Nichts," erwiderte ich ihr.

"Wie!" fuhr sie fort, "sollten Sie dumm genug sein, eine schlechte Nonne zu bemitleiden, die sich in einen häßlichen Mönch verliebt hat, mit dem sie aus ihrem Kloster entflohen ist? Sie hatte doch nichts weiter zu thun, als zu essen, zu trinken, zu Gott zu beten und zu schlafen! Es ging ihr dort, wo sie sich befand, recht gut, warum blieb sie nicht da? Darauf habe ich geantwortet, man kenne nur seine eigenen Leiden; doch ich hätte besser gethan, zu schweigen, denn sie würde in diesem Falle nicht gesagt haben:

"Ach, gehen Sie, das ist eine Spitzbübin, die Gott bestrafen wird!"

Bei diesen Worten habe ich mich über meinen Tisch geneigt und bin dort liegen geblieben, bis meine Herrin zu mir sagte:

"Aber, Marie, woran denken Sie denn? während Sie da schlafen, bleibt ja die Arbeit liegen."

Ich habe mir niemals den im Kloster herrschenden Geist zu eigen machen können, und das merkt man auch an meinem Gange; dennoch habe ich mich an gewisse Gebräuche gewöhnt, die ich mechanisch wiederhole; zum Beispiel, wenn eine Glocke läutet, so mache ich entweder das Zeichen des Kreuzes oder kniee nieder. Klopft man an die Thür, so sage ich "Ave", fragt man mich, so gebe ich stets eine Antwort, die mit "liebe Mutter oder liebe Schwester" endigt. Kommt ein Fremder, so kreuze ich die Arme über meine Brust, statt mich zu verneigen und einen Knix zu machen. Meine Gefährtinnen fangen an, zu lachen und zu glauben, ich wolle die Nonnen kopieren, doch ihr Irrtum kann unmöglich lange dauern, meine Unbesonnenheit wird mich verraten, und ich werde verloren sein.

Nachschrift

Ich falle vor Ermüdung zusammen, der Schrecken umgibt mich, und der Schlaf flieht mich. Ich habe diese Aufzeichnungen, die ich in aller Hast schrieb, noch einmal in ruhiger Stimmung durchlesen und bemerkt, daß ich mich, ohne die geringste Absicht dazu zu haben, auf jeder Zeile so unglücklich gezeigt habe, wie ich es wirklich war, dabei aber viel liebenswürdiger, als ich bin. Sollte das daher kommen, daß wir die Männer für die Schilderungen unserer Schmerzen weniger empfänglich glauben, als für das Bild unserer Reize? Und daß wir uns in der Hoffnung wiegen, sie noch leichter zu verführen, als zu rühren? Ich kenne sie zu wenig, und habe mich selbst nicht genügend studiert, um das zu wissen. Ich bin ein Weib, vielleicht ein wenig kokett, was weiß ich, doch ich bin es von Natur aus, ohne jede gesuchte Künstelei.

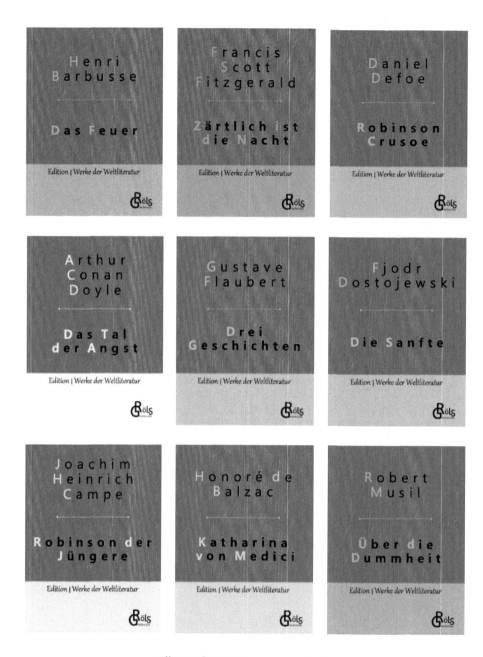

Alle Werke unter www.groels.de